DENMARK, SMART CITY

デンマークのスマートシティ

データを活用した人間中心の都市づくり

中島健祐

学芸出版社

コペンハーゲンの中心部にある
約 1kmの歩行者専用道路、ストロイエ

コペンハーゲンのニューハウンと
自転車専用のインナーハーバーブリッジ

コペンハーゲンの廃棄物発電施設、アマー資源センター（設計：BIG）。屋上には人工スキー場が設置。写真奥の海上に風力発電施設が見える

コペンハーゲンのBLOX（設計：OMA）。都市づくりのイノベーション・ハブBLOXHUB、デンマークデザインセンター、デンマーク建築センター等が入居する

水質改善により実現した、コペンハーゲンの
運河のプール、ハーバーバス（設計：BIG）。

コペンハーゲン・ノアブロ地区の国鉄車庫跡地に
つくられた公園、スーパーキーレン（設計：BIG）

スマートシティ開発が進む、コペンハーゲン北部のノーハウン地区

オーフスのウォーターフロントにあるメディアセンター、DOKK1
（設計：シュミット・ハマー・ラッセン）

DOKK1 にあるオーフス市立図書館。市民が図書館づくりに参画

コペンハーゲンにあるデンマーク王立図書館（設計：シュミット・ハマー・ラッセン）

コペンハーゲン南部の湾岸開発エリア、スーハウン地区

運河沿いにアパートが建ち並ぶ、
コペンハーゲン・スルーセホルメン地区

新北欧料理というジャンルを構築したノーマの料理

ノーマの店内

コペンハーゲンの人気エリア、ラテン地区。
街路は歩行者と自転車が溢れる

家族や友人と団欒するヒュッゲな時間

写真クレジット
Ty Stange / Copenhagen Media Center：p.2 、97
Troels Heien / Copenhagen Media Center：p.3 上、143
Daniel Rasmussen / Copenhagen Media Center：p.4 上、9 上、59
Rasmus Hjortshoj / Copenhagen Media Center：p.4 下
Astrid Maria Rasmussen / Copenhagen Media Center：p.5 上、217
Martin Heiberg / Copenhagen Media Center：p.5 下、6 、12 、23 、253
Dennis Borup Jakobsen / Aarhus Public Libraries：p.7 上
Aarhus Public Libraries：p.7 下、121
Copenhagen Media Center：p.8
Maria Sattrup / Copenhagen Media Center：p.9 下、13
Ditte Isager / Copenhagen Media Center：p.10 、11

オールボー
Aalborg
デンマーク
スウェーデン
オーフス
Aarhus
北海
サムソ島
Samsø
ユトランド半島
Jylland
コペンハーゲン
København
カルンボー
Kalundborg
マルメ
Malmö
オーデンセ
Odense
シェラン島
Sjælland
フュン島
Fyn
バルト海
0
50km
© Google

コペンハーゲン市内
ノーハウン
NORDHAVNEN
STRANDVEJ
ØSTERBRO
YDRE NØRREBRO
NØRREBRO
スーパーキーレン
ニールス・ボーア
研究所
BLEGDAMMEN
KØBENHAVN N
Refshaleøen, Copenhagen
アマー資源センター
HOLMEN
ノーマ
FREDERIKSSTADEN
KØBENHAVN K
INDRE BY
GAMMELHOLM
ウォーターカルチャー
センター
自転車道
インナーハーバーブリッジ
PRØVESTENEN
ラディソン・コレクション・
ロイヤルホテル
FREDERIKSBERG C
コペンハーゲン
中央駅
デンマーク外務省投資局
ブロックスハブ
デンマーク・デザインセンター
コペンハーゲン・
フィンテックラボ
MEATPACKING
DISTRICT,
COPENHAGEN
アイランズブリッゲ・
ハーバーバス
Amagerbro
フィスケトール・
ハーバーバス
VESTERBRO/
KONGENS
ENGHAVE
自転車道
スネーク
サイクル
ウアステッド
AMAGER EAST
Sundbyøster
KØBENHAVN S
Sundbyvester
0
1km
© Google

目次

はじめに 20

1章

格差が少ない社会のデザイン 23

1 格差を生まない北欧型社会システム 24
2 税金が高くても満足度の高い社会を実現 36
3 共生と共創の精神 41
4 課題解決力を伸ばす教育 45
5 働きやすい環境 50
6 格差がないからこそ起きること 56

2章

サステイナブルな都市のデザイン 59

1 2050年に再生可能エネルギー100%の社会を実現 60

2 サーキュラーエコノミー（循環型経済）の推進 69
3 世界有数の自転車都市 75
4 複合的な価値を生むパブリックデザイン 86

3章 市民がつくるオープンガバナンス 97

1 市民が積極的に政治に参加する北欧型民主主義 98
2 市民生活に溶け込む電子政府 102
3 高度なサービスを実現するオープンガバメント 112
4 サムソ島の住民によるガバナンス 117

4章 クリエイティブ産業のエコシステム 121

1 デンマーク企業の特徴 122
2 世界で活躍するクリエイティブなグローバル企業 124
3 デジタル成長戦略と連携して進展するIT産業 129

4 スタートアップ企業と支援体制 135
5 新北欧料理とノマノミクス 138

5章 デンマークのスマートシティ 143
1 デンマークのスマートシティの特徴 144
2 コペンハーゲンのスマートシティ 151
3 オーフスのスマートシティ 187
4 オーデンセのスマートシティ 201

6章 イノベーションを創出するフレームワーク 217
1 オープンイノベーションが進展する背景 218
2 トリプルヘリックス（次世代型産官学連携） 222
3 IPD（知的公共需要） 227
4 社会課題を解決するイノベーションラボ 231

5 イノベーションにおけるデザインの戦略的利用 237
6 社会システムを変えるデザイン 247

7章 デンマーク×日本でつくる新しい社会システム 253

1 日本から学んでいたデンマーク 254
2 デンマークと連携する日本の自治体 261
3 北欧型システムをローカライズする 272
4 新たな社会システムの構築 278

おわりに 286

はじめに

デンマークは人口わずか580万人の小国である。日本人には社会保障制度が充実した福祉国家であり、「人魚姫」や「マッチ売りの少女」などの童話で有名なハンス・クリスチャン・アンデルセンが生まれた国として親しみがあるだろう。最近は幸福度が高い国としても知られるようになり、デンマークの文化、デザイン、ライフスタイルが紹介されることが増えてきた。

一方で、デンマークが現在の社会システムを築くに至った要因を行政システム、社会インフラ、イノベーション、テクノロジーの切り口で横断的に紹介しているものは少ない。そのため日本でデンマークの経験を取り入れようとしてもうまくいかないことが多い。

本書は、デンマークについて、社会システムの中心である国の政策から市民の暮らしまで俯瞰する形でまとめた。さらに、デンマークを礼賛するのではなく、客観的事実を提示することで、日本で応用展開できることを見極めてもらうことが狙いである。

1章では、「格差が少ない社会のデザイン」としてデンマークがオープンで公平な社会をつくりあげてきた歴史的背景と本質的要素について紹介している。現在のデンマークがつくられたバックグラウンドである。

2章では、「サステイナブルな都市のデザイン」を取り上げる。日本でも地球温暖化に伴い、SGDs（持続可能な開発目標）が話題となっているが、デンマークでは理念にとどまらず具体的なプロジェクトに落とし込むことで社会実装を図っている。

3章では、「市民がつくるオープンガバナンス」を紹介している。デンマークで市民が積極的に参加するオープンガバナンスがどのように実現されているのか、その背景やしくみを取り上げた。

4章の「クリエイティブ産業のエコシステム」では、資源が限られた小国デンマークが創造性によって、いかに産業を発展させてきたのかについて事例を交えて紹介している。

5章の「デンマークのスマートシティ」では、首都コペンハーゲン、第二の都市オーフス、第三の都市オーデンセのスマートシティの取り組みを取り上げた。日本で推進されているスマートシティやスーパーシティ計画との違いは参考になるだろう。

6章の「イノベーションを創出するフレームワーク」では、意外に知られていない、デンマークでイノベーションが創出されるしくみを解説している。概念にとどまらず、日本との投資プロジェクトを通じたイノベーションのメカニズムを解説した。

最後の7章では、「デンマーク×日本でつくる新しい社会システム」として、日本の自治体がデンマークの社会システムを参考にしている具体的な事例と、将来、日本とデンマークが連携する場合の体系について説明した。

デンマークでは、新しい技術やしくみを取り入れるだけではなく、先人の知恵を尊重した社会を構築している。これは「伝統と革新の融合」ともいえるもので、旧来型社会システムから時代を超えた普遍的価値のある枠組みを維持し、そこに先端技術を統合する取り組みでもある。デンマークが500年先も存続し、世界から尊敬される国家を築くための秘訣でもある。

筆者はデンマーク外務省という特殊な職場に身を置き、日本人でありながらデンマーク国家の中枢に触れることができる恵まれた環境にいる。本書は、そうした私の立場から、日本の社会に役立つと考えたデンマークの社会システムを紹介したものである。ますます複雑化する現代社会において、本書がデンマーク人の憧れる日本をさらに豊かなものとするきっかけとなれば幸いである。約100年前に内村鑑三が「デンマルク国の話」として紹介したように。

1章 格差が少ない社会のデザイン

1　格差を生まない北欧型社会システム

❖フラットな社会

デンマークの社会はオープンでフラットである。デンマークで暮らしていて学歴、所属組織の社会的地位、保有している国家資格などが問われることはまずない。ビジネスの現場で、デンマーク人同士だと初対面でも名刺を取りかわさないことが多いし、所属する組織の規模や役職で特別待遇を受けることもない。プライベートでも自己紹介をする時に「○○会社の○○です」という言い方はしない。最初に自分の名前を伝え、どのような仕事をしているのか、何を目指しているのかなどを紹介しあう。大切なのは、個人としてどのような考えを持ち、価値を提供できるかということだ。

当然、年齢も関係ない。新入社員と定年間近のベテラン社員も対等に議論し協業もする。デンマーク語には日本語の敬語、丁寧語にあたる言葉もあまりないので、お互いに対等の関係で仕事のやりとりをする。

以前、デンマークである国際会議が開催された時、とても驚いたことがあった。当時の外務大臣が国際情勢とデンマークの外交戦略についてスピーチをしたことがあった。その質疑応答の際、大学を卒業して間もない若者が大臣に向かって「あなたの発言には誤りがある」と指摘して質問をしたのだ。そして、大臣がその質問に回答したにもかかわらず、さらに傷口に塩を塗るかのように「そもそも戦略を考える上で論理に問題がある」と指摘した。しかし、大臣は大人の余裕で見事にそれに対応しながら自説を論理的に説明した。

外務大臣に大学生が誤りを指摘するなど、日本人の常識では考えられないことだが、デンマークでは特別なことではなく、自分が疑問に思ったことは相手が大臣や大手企業の社長でも気兼ねなく質問して議論を交わすのが普通だ。その会議でも誰1人としてその若者を責める者はいないし、和やかな雰囲気で会は終了した。

また、ある日本の大手企業の現地社長も、似たような経験を語ってくれた。彼は日本企業で長く勤務した後、デンマークの会社の社長となり、多くの従業員を雇用していたが、どの従業員も彼に友達感覚で接してくるそうだ。朝、工場労働者と会うと、背中をバンと叩かれ、ファーストネームで呼ばれながら「元気にやっているかい?」と言われ、企業文化の違いに戸惑ったらしい。日本では常に役員室にいて、外出の際は黒塗りの専用車で送迎され、いつもお付きの社員がサポートする体制で仕事をしていたため、デンマークのフラットすぎる社会に馴染むのが大変だったようだ。

こうしたフラットで格差の少ない社会はどのようにつくられてきたのか。そして具体的にどのようなサービスが展開されているのか。この章では、デンマークの歴史や文化、ライフスタイルを紐解きながら紹介したい。

❖デンマーク社会を支えた哲学

デンマークについて詳しく知らなくても社会保障制度が進んだ国であることは聞いたことがあるだろう。高い税金を負担する代わりに教育、医療、福祉などが無償で受けられる。

自然が厳しく資源が少ない貧しい国であったこと、格差の少ない社会システムをつくりあげた要因の一つである。そのために公的サービスによる社会保障制度の充実が不可欠であったことが、格差の少ない社会システムをつくりあげた要因の一つである。

デンマークの社会保障制度は１８９０年代から１２０年以上かけて試行錯誤しながらそのシステムがつくられた。社会保障制度をつくる基礎となったデンマーク人の精神性、価値観は、デンマークの歴史が深く関わっている。

デンマーク人の価値観に大きな影響を与えたのは、デンマークの近代精神および教育の父と呼ばれ、現在も運営されている「フォルケホイスコーレ」（国民高等学校。全寮制の教育機関）の理念を提唱した牧師であり詩人、哲学者であったニコライ・F・S・グルントヴィ（１７８３〜１８７２）である。

グルントヴィは教育や信仰を通じてデンマーク国民が精神を養い、民主主義を発展させるべきだと考えた。そして特定のエリート層ではなく、庶民の生活、特に農民を対象として、対話と相互の人格形成による「生のための学校」の必要性を説き、国民すべてが平等な生活を送ることを唱えた。

グルントヴィは、当時の学校は知識の習得や理念のない実学を中心とした「死の学校」であり、教育は本来生きた言葉による対話により異なった経験や考え方を持つ者が互いに啓発しあい、生を自

フォルケホイスコーレ（©Natsuki Okayasu）

覚するために行われるべきであるとした。

グルントヴィの理念は、現在のデンマーク社会に次のような影響を与えている。

・国民すべてが平等な生活を送ることに価値をおく＝格差の少ない北欧型社会システム

・知識ではなく対話を重視＝コンセンサス型社会システム

・死の学校から生のための学校＝知識から、知恵や問題解決能力を習得する教育

１８９０年からの社会福祉政策は、計画的に行われたものではなく、少しずつ進められた。１８８０年にドイツが社会保険法を成立させたこともあり、デンマークでも社会保障について議論されたが、デンマークではドイツ型の賃金労働者だけを対象にした制度でなく農民も含めたすべての国民を対象とした社会保障制度を導入することになった。そして特に社会的弱者で

ある病人、障がい者、十分な教育を受けられなかった人々も対象とした。

そして20世紀になると、さまざまな改革が行われた。1933年には社会制度改革が実施された。当時の社会大臣であったカール・クリスチャン・スタインケは、それまでデンマークの福祉では失業対策、自助努力、救済事業が主流であったが、市民の社会的権利である福祉原則を提示し、市民の最低生活水準を保障することは国家の義務であるとした。その意味で、この時期にデンマークの福祉国家としての普遍的理念が確立されたと言える。

その後デンマークは、1960年代以降、日本と同様に高度成長期を迎え、労働者不足に直面して女性の社会進出が進むことになった。その結果、これまで家庭で行われてきた育児、高齢者の介護が難しくなり、より充実した社会福祉が発展することになったのである。

このようにデンマークの社会保障制度も、模索しながら少しずつ築きあげられ、その根底にはグルントヴィの思想が育んだデンマーク人の精神性、価値観があった。

❖女性の社会進出

デンマークにおける女性の社会進出は、前述の通り、1960年代の経済成長による労働力不足が深く関係している。それまでデンマークでは、結婚すると家庭に入り専業主婦になる女性が多かった。しかし、1970年代まで、デンマークでは失業率が1%を切る時期が続き、労働者不足が深刻化していた。

その解決策として、働いていない女性、障がい者が労働できるような制度環境が整えられていった。1965年に設立された社会制度改革委員会では、女性や障がい者が柔軟に職に就けるような制度改革を行い、出産休暇、職場に復帰する権利、保育所の整備などが行われ、女性が働きながら子育てを行える社会的環境が整備された。

その結果、デンマークでは1980年代以降、女性の就業率は70%を超えている。現在、デンマークではほとんどの家庭で共働きが行われていると思えるくらい女性が社会に進出している。ただ、女性の就業率は政府、自治体、医療機関、教育機関などの公的セクターにおいて高く、エネルギー産業、製造業、鉱業などはまだ男性の就業者が中心だ。

これは、国家として社会保障制度を整備し公的サービスを強化するために、政府や自治体など公的セクターで積極的な女性の雇用促進が行われたこと、医療、福祉、教育は女性の知識や経験を活かしやすい職場であることも関係している。実際、デンマークの省庁では女性の大臣も一般的になり、企業の主要幹部にも多くの女性を見かけるようになっている。

❖医師と患者が対等に治療に当たるデジタルヘルス

デンマークの医療制度は社会保障制度を代表する公的サービスであり、医療費は税金で賄われ、原則無料となっている。デンマークの医療システム（ヘルスケアシステム）は世界的にもトップレベルで、特に医療格差がない国としても知られている。

そして最近は、政府がデジタル技術の活用によるデジタルヘルスを推進している。その背景として、デンマークでも高齢化により医療現場における労働者不足が深刻化しているからである。そのため、デジタル技術を利用することで、効率化による資源の最適化を模索しているのだ。

デンマークでデジタルヘルスが進展している理由として、デンマーク版マイナンバーであるＣＰＲナンバー（国民識別番号）が１９６８年から導入されていることに加え、電子政府の基盤でもある医療ポータルのsundhed.dkの普及がある（３章参照）。このＣＰＲナンバーを使いインターネットでsundhed.dkにアクセスすると、自分の医療情報、たとえば過去の治療情報、入通院履歴、投薬情報などを確認でき、それをかかりつけ医や病院の医師とも共有できるのだ。

このシステムで重要なポイントは、単にデジタル化により効率性と利便性を実現しているだけではなく、医療従事者と患者の関係を対等にするというコンセプトが含まれていることである。デンマークではこれを市民や患者のエンパワーメント（権限付与）と表現している。

デンマークでも従来は医師が患者の情報を管理し、医師の判断を患者が一方的に受け入れるというスタイルであった。しかし、デンマークでは、この問題点が議論され、医師と患者は対等であるべきで、治療に際して一方的に医師の処方を受け入れるのではなく、患者が医師と協働して治療に当たるべきであるとの考え方が普及した。そのためには患者が医療情報にアクセスし、医師とコミュニケーションできるための知識を得なければならない。その有効な手段の一つとしてデジタルヘルスが導入されたわけである。

日本でも医療支出の増大に伴い、デジタル技術を利用した業務改善が議論されているが、この患者や市民のエンパワーメントについてはまだ十分に議論されていない。

❖高齢者福祉の三原則

医療に加えて高齢者福祉も社会保障国家としての柱である。デンマークの高齢者福祉のサービスは手厚く、しかもサービスに一貫性がある。その理由は、デンマークの社会保障、生活文化を踏まえた高齢者福祉の三原則を設けているからだ。

この原則は１９８２年に高齢者福祉審議委員会（１９７９～82年に福祉省の配下に設置された、超党派の委員会）にて設定されたもので、日本でもこの原則を参考にする自治体が増えている。

三原則とは、①継続性の原則、②自己決定の原則、③残存能力の活用である。

継続性の原則とは、可能な限り、健康な時の生活スタイルを維持し、基本は自宅で暮らし続けるように支援することである。年老いて住み慣れた場所を離れ、見知らぬ土地や施設に入居するのは大変なストレスになる。したがって、やむをえず福祉施設に入居する場合でも、自宅で使っていた家具などを持ち込むことができる。

自己決定の原則は、たとえ介護が必要な状態になっても、自分の人生に関することは自分で決定することである。それを家族や介護スタッフは尊重しなければならない。これはデンマーク人の自立とも関係しており、大原則の一つとも言える。

そして残存能力の活用は、体が不自由になったとしても、まだ健常な機能がある場合は、補助器具などを利用して自力で対応することである。日本のように脳梗塞で半身が不自由になった途端に車椅子を使うようになったり、ベッドで寝たきりになるのではなく、極力自助で生活する。

この三原則は、サービスを提供する行政サイドにとっても、無駄な支出をしないでサービスの水準を維持するために重要なものとなっている。

そして、高齢者介護を支えるのが年金システムだ。高齢者を対象とした年金は、65歳以上が受給対象になる国民年金制度がある。デンマークの国民年金制度は共生の理念に基づいた所得の再配分システムが機能しており、高額所得者や資産家は年金が減額される。しかし、不満を持つ者はほとんどいない。資産があり自活できる高齢者は自力で対応し、余力のない高齢者により多く配分することで、老後でも貧富の差を最小化しようとの考えが根底にある。こうした年金制度のおかげで、大半の高齢者は余暇や友人との交流を楽しみ、充実した老後ライフを送っている。

❖障がい者福祉

高齢者だけでなく障がい者に対する支援が充実していることも、デンマーク社会の特徴である。障がい者福祉制度も現在の形になるまでに150年以上かかっている。現在の障がい者福祉制度は1959年の知的障がい者福祉法の制定が関係している。

当時、デンマークでも障がい者の環境は決して恵まれたものではなく、大きな施設で集団生活をし、自由も制限されていた。社会省の担当官であったニールス・エイク・バンク・ミケルセンはこの状況を改善するべくノーマライゼーションを提唱し、障がい者が一般市民と同じように生活ができるような環境を整備する運動を推進した。

一方、障がい者が一般市民と同じように働き生活することには厳しさも伴う。たとえば、以前ある自治体でITシステム構築を担当する、下半身が不自由なソフトウェア開発者と知りあった。彼は車椅子を利用し、自力で車を運転して職場まで通勤していた。ところが1年後、財政削減の関係で彼は解雇されてしまっていた。このようにデンマークでは、ノーマライゼーションとは差別をなくし、障がいがある人も、障がいがない人と同じように生活できることを保障する一方で、知的障がい者でない限り、一般人と同じ条件で処遇されることを意味している。

❖ヤンテの掟とフラットな社会

デンマーク人と会話をすると、時々日本人と同じような印象を持つことがある。それは控えめで、何事にも謙虚な姿勢であることだ。あるデンマーク人に、それはどうしてなのかと聞いたことがある。するとそのデンマーク人は、世代にもよるし、一概には言えないが、「ヤンテの掟」が影響しているかもしれないと説明してくれた。

「ヤンテの掟」とは、１９３３年に作家のアクセル・サンダムーサが書いた小説の中に出てくる架空の村の10カ条の掟で、デンマーク人の価値観に影響を与えてきたと言われている。これは、成功者に対して思い上がってはいけないというアイロニカルな戒めである。

あなたは自分が特別だと思うな
あなたは自分が善良だと思うな
あなたは自分が人より賢いと思うな
あなたは自分が人より優れていると思い上がるな
あなたは自分が人より物事を知っていると思うな
あたなは自分が人より重要であると思うな
あなたは自分が何でもできると思うな
あなたは他人を笑ってはいけない
あなたは人が自分に気配りをしてくれると思うな
あなたは人に何か教えられると思うな

デンマークの若者に「ヤンテの掟についてどう思うか?」と聞いてみると、「好きではない」「こんなことを言っているから競争が激しいグローバル市場でデンマークは負けてしまうんだ」と言う者もいた。しかし、彼らと会話を続けていくと、自分たちの精神形成に大きく関わっていることは間違いなく、幼少時に祖母から聞かされていたという人や、厳しい仕事をしている時にふとヤンテの掟を思い出して自重したことがあるなど、最初はヤンテの掟は嫌いであると言っていた若者も、自ら振り返ると確かに影響を受けていると認めていた。

また、あるデンマークの富裕層から聞いたエピソードも紹介したい。彼は車好きでポルシェを所有していたのだが、車を納屋にしまっていた。なぜ高級車をそんなところに置いているのかと聞いたところ、目立ちたくないからということだった。

デンマークの社会ではこれ見よがしに自分のことを誇示することは敬遠され、そして誰も評価してくれない。彼も含めて富裕層の多くは週末に街に出向く時もごく普通の服を着ているので、外見上は資産家とは誰も気がつかない。そして、彼がポルシェを運転するのは決まって金曜日の夜中から土曜日の明け方にかけてだと教えてくれた。彼自身はビジネスマンとして成功しているのだが、周囲に金持ちの息子が道楽で高級車を乗り回しているところを見られたくないらしい。

私が「ヤンテの掟も意識しているのか?」と聞いたところ、少し考えて、「自分はごく普通のデンマーク人で、たまたま親が資産家であり特別ではないということを見つめ直すきっかけをいつも与えてくれている」と話してくれた。こうした1人1人の国民の振る舞いが、格差を感じることの少ない社会をつくりだしている一因だろう。

2　税金が高くても満足度の高い社会を実現

❖高福祉社会を支える税負担

デンマークは高福祉国家として、税金も非常に高いという印象があると思うが、実際にはどのような水準だろうか。参考としてOECDが発表している国民の対GDPに対する税負担率の国際比較（2017年）を見ると、デンマークは46・0％で2番目に高い。日本は30・6％である（図1）。また、デンマークの消費税は25％で、食料品などにも軽減税率はない。また、自動車登録税は自動車の市場価格に調整を加えた課税価格で、価格18・5万デンマーククローネ（約310万円、2018年現在）までが85％の税、それ以外は150％となっている。つまり、350万円の車を購入した場合は支払い総額が500万円を超えてしまうことになる。

これだけ税金が高いと、高負担に嫌気がさし、他国に移住する者が増えるのではないかと心配したくなる。しかし、デンマーク人は高額な税金も納得して収めているから不思議だ。

その理由は、民主主義の水準が高いことに関係している。政治を信頼し、自分たちが収めた税金

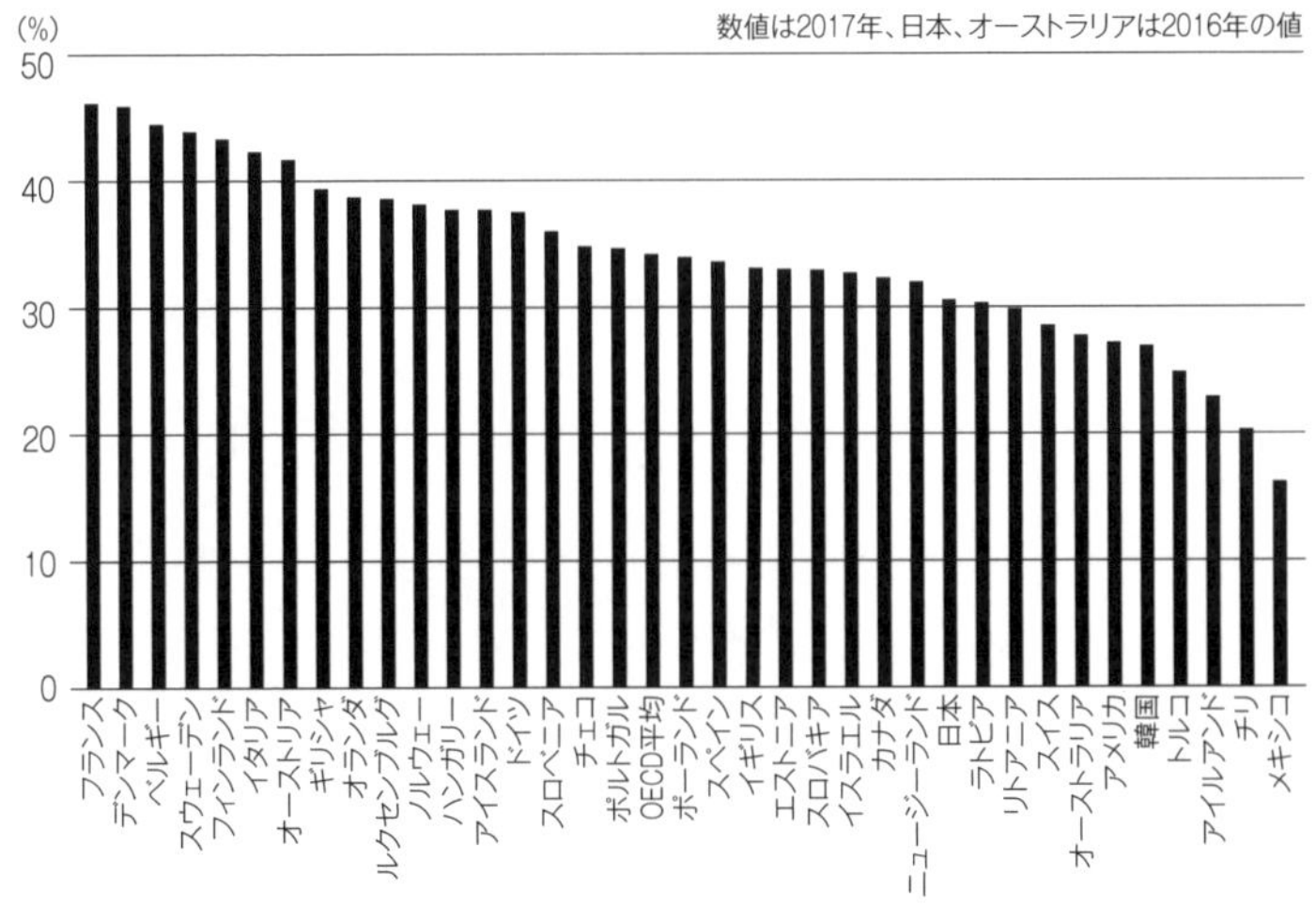

図1　GDPに対する税金負担率（2017年）（出典：OECD）

が正しく使われており、国の発展や不幸な人たちの支援に当てられることは国民として当然の義務であると、国民に認識されている。そして税金は徴収されているというより、信頼関係に基づいた投資であると考えていることも大きな理由だ。投資なので、将来の生活に還元されると確信している。

デンマークの民主主義の水準が高いことは、政治におけるクリーン度合いからもわかる。非営利組織の国際透明性機構が世界180カ国を対象にした腐敗認識指数で、デンマークは1位（日本は18位）で、ここ数年はニュージーランドと並び世界で最も汚職の少ない国としてランキングされている。つまり、自分たちが選出した議員を信頼しており、議員が汚職などに手を染めることは極めて少ないので、安心して税金の再配分を任せることができるということだ。

こうした政治に信頼を置く国民性は教育制度も関係しているが、これは後ほど触れたい。

❖公共サービス

市民が高い税金の負担に納得していることは、実際に提供されるサービスを見れば理解できる。

◇妊娠と出産

デンマークは特に出産や子育てのサービスにかなり力を入れている。資源が少ない小国では人材が一番重要であり、次の100年を支えるデンマーク人を育てることは社会の義務であるとの考え方が浸透している。

デンマークでは妊娠6周目から10周目の間に医師から最初の検査を受け、その後超音波検査を2回ほど受け、妊娠15周目からは助産師による検査が始まる。出産までの医師、助産師による相談、検診はすべて無料である。ただし、デンマークでは出産は病気とは扱われないので、デンマークで出産を経験した日本人はかなりあっさりとした体制に戸惑いを覚えることもあるようだ。出産後も初産であれば1泊の入院だが、経験のある産婦は数時間で退院する。

◇育児

デンマークでは出産後32週間の育休を終えると職場に戻るのが一般的だ。当然子供のために保育サービスを利用することになる。6カ月〜3歳児までは乳幼児託児所や保育ママ（家庭内保育）を利用する。

保育ママは市から認定された保育士が各家庭で4〜5人の子供を預かる制度で、自治体にとっては保育施設の新設や維持費用がかからないこと、また子供の両親にとっても家庭的な雰囲気の中で保育してもらえるため、デンマークでは主流となっている。

ちなみに、保育ママは職業としても成立するだけの収入体系となっている。たとえば5人の子供を預かった場合、保護者からの利用料金と自治体からの助成金を合わせて年収600万円くらいになるとされ、保育ママのなり手が不足することはない。

3〜6歳の子供は保育園に預ける。日本では待機児童問題が解消されていないが、デンマークでは自治体が希望する子供をすべて保育園に入園させる義務がある。コペンハーゲンなどの都心では順番待ちの保育園もあるが、それでも施設さえ選ばなければ確実に入園させることができる。

保育料は自治体により異なるが、一般的に保育料の約30％を保護者が負担する。しかし、保護者の年収が低い場合は保護者の負担額が実質ゼロになり、高い高額所得者は保育料を全額負担しなくてはならない。つまり、デンマークでは年収が低くても、高額所得者とまったく同じ育児サービスを受けられるようになっており、格差を少なくする社会のしくみは人生のスタート時から保障されている。

◇学校教育

デンマークの教育システムの詳細については後ほど触れるが、格差がないという点で世界にも誇るシステムになっている。教育は初等・中等学校教育（1〜10年生）、高等学校教育、大学教育、大学院教育と、授業料は公立の場合はすべて無料となっている。憲法に、教育義務の年齢にある子供は公立学校で教育を無料で受けることができる権利を有していると記されている。

さらに、障がい者に対する特別支援教育も充実している。しかし、特別支援学校は設置数が限られるので、自宅から離れた学校への通学が問題となる。特に幼少の知的障がい者だと公共交通機関を利用するのにも限界がある。こうした場合は、自治体が自家用車の利用にかかる燃料費やタクシーの利用料金を支援する体制がとられる。

また、大学になると、勉強に集中するために奨学支援金10万円程度が毎月支給される（学生のおかれた条件や物価により変動する）。加えて低金利のローンを活用することで、家庭の経済力とは関係なく大学教育を受けることができる。もちろん、アルバイトをする学生もいるが、アルバイトをすることで学習時間が減ると、卒業が難しくなる。デンマークの大学は入学するより卒業する方がはるかに大変で、一般的に大学生は週に50時間程度は勉強すると言われている。経済的な理由で勉学の道が閉ざされることなく、経済格差が教育格差を生まないしくみが構築されている。

3　共生と共創の精神

❖資源と産業のない貧しい国

現在のデンマークは幸福度が高く豊かな国のイメージがあるが、それは経済が発展し技術が進歩した1950年代以降のことで、歴史的には北ヨーロッパの田舎で、天然資源は少なく、土壌も痩せて農業には適さないなど、かなり過酷な条件の揃った国であった。寒さと飢えで亡くなる人々も多く、アンデルセンのマッチ売りの少女さながらの現実が19世紀にはあったのだ。デンマークで共生と共創の精神が根づいているのは、こうした厳しい環境と関係している。

キリスト教思想家の内村鑑三（1861〜1930）は、1911年に行われた「デンマルク国の話」の講演で、デンマークがなぜ豊かになったのかを説明している（『後世への最大遺物・デンマルク国の話』岩波文庫）。その中で、デンマークの共生社会が進展した背景が現在のデンマークの発展要因ともつながる鋭い分析を行っているので紹介したい。

デンマークは1864年にドイツに戦争で負けて国土を大幅に失うことになった。内村は、残された荒れた国土を植林により沃土《よくど》に変える地道な復興を行い、豊かな国に変貌したデンマークから日本が見習うべき点を三つ指摘している。

第一に、戦争で負けても国民に善き精神、道徳があれば、むしろ敗戦が刺激になり国は復興すること。第二に、自然エネルギーの活用。富は有利化されたエネルギーであり、エネルギーは太陽光、風力、波力、火山にもあり、これを利用できれば、当時世界の陸地の6分の1を有するイギリスになる必要はなく、デンマークのような小国で十分だとしている。第三に、キリスト教思想家らしく、国の実力は軍隊や金、銀の力ではなく、信仰の力であるとしている。

現在のデンマークは、内村鑑三の指摘が的を射た姿になっている。しかも100年経った今でも、内村の指摘は本質をついており、彼の慧眼に敬服する思いである。

一番目の善き精神、道徳は、戦争や災害などで社会が打撃を受けたとしても、限られた資源を有効活用して国を発展させることができる。現在のデンマークは小資源国でも十分大国と渡りあえることを証明している。ソフトウェアや人工知能、量子コンピュータの開発で、物量ではアメリカや中国には敵わないが、質の面では世界でもトップクラスの水準となっており、マイクロソフト社は2017年に量子コンピュータの研究センターをコペンハーゲン大学のニールス・ボーア研究所に開設している。

二番目の自然エネルギーの活用は、日本でもようやく本格的に導入計画が議論されている洋上風力発電の事例そのものだ。次章で詳述するが、デンマークは再生可能エネルギー大国であり、すでに国内の消費電力のうち約40%が風力発電により賄われ、2050年に脱化石燃料の国家にするべく宣言している。

そして、三番目の信仰だが、デンマークの国教は福音ルーテル派で日本と同じように日常生活と宗教は密接に結びついておらず、日曜日に礼拝に行くデンマーク人はほとんどいない。宗教より、前述したヤンテの掟のように、倫理や道徳の教育がデンマーク人の精神に根づいている。

❖北欧の気候風土とヒュッゲ

デンマークは北緯55度に位置し、北海道の稚内（北緯45度）よりさらに北に位置している。緯度からは極寒の地というイメージがあるが、暖流であるメキシコ湾流の影響で高緯度の割に気候は穏やか、比較的四季もはっきりしている。夏は涼しく、旭川くらいの気温で、湿度も低く快適で過ごしやすい。冬は寒く、冷え込むと氷点下10℃くらいになる。高緯度のため、夏至は日出が午前4時半、日没が午後10時なので仕事を早めに切り上げて午後5時頃に帰宅し、4時間ほど子供と遊んだり趣味を楽しむこともできる。一方、冬は日出が午前8時半過ぎ、日没は午後4時前なので、通勤・通学時は日が落ちて真っ暗だ。

こうした気候風土の中で育まれた文化が「ヒュッゲ（Hygge）」だ（13頁写真）。ヒュッゲとは日本にはないものなので、日本語で説明するのは難しいが、デンマーク人の共生の精神を育んでいる文化の一つだろう。

デンマーク人の著名なデザイナーによると、ヒュッゲとは次のようなものらしい。「冬には自宅で暖炉の火を前に心地よい椅子に座り、まわりには子供たちが集まる。テーブルにはキャンドルが置かれ、部屋のコーナーにはランプ、そしてポットには挽きたてのコーヒーが入っている。夏にはサマーハウスで家族、友人と誕生日など特別な日を祝う。テーブルにはデンマークの国旗が飾られ、ビールとスナップス（ジャガイモを原料とした蒸留酒）も用意されている。庭では子供たちが遊んでいる。こうした環境は幸福感に満ちている」。

暗くて厳しい冬に暖かく快適な暖炉の前でキャンドルを囲み、家族や友人と団欒をすることで安心や幸福感を抱ける。そこから人々が連帯して共に協力しながら生きていくことの知恵を学んだのだろう。

日本のこともよく知るこのデザイナーにある時、「日本人にわかるように『ヒュッゲ』を説明してほしい」とお願いしたところ、彼は「それは簡単だよ」と言って、「正月に家族や親戚が炬燵を囲み、お節料理やみかんを食べて、お酒を飲んでいる。子供たちは傍らで、昔なら双六やかるた遊び、今ならゲームに興じているそして、午後になると近所の仲間が集まって宴会が始まることもある。そこでその地域の問題を解決する知恵を出しあったり、新しい行事を話しあったりするでしょう。それと同じことです」と教えてくれた。

だから、「本来ヒュッゲはデンマークに特有のものではなく、どの国・地域にもある伝統的な生活の知恵であり、デンマーク人は何事もフレーム（枠組み）をつくりたがるので『ヒュッゲ』とい

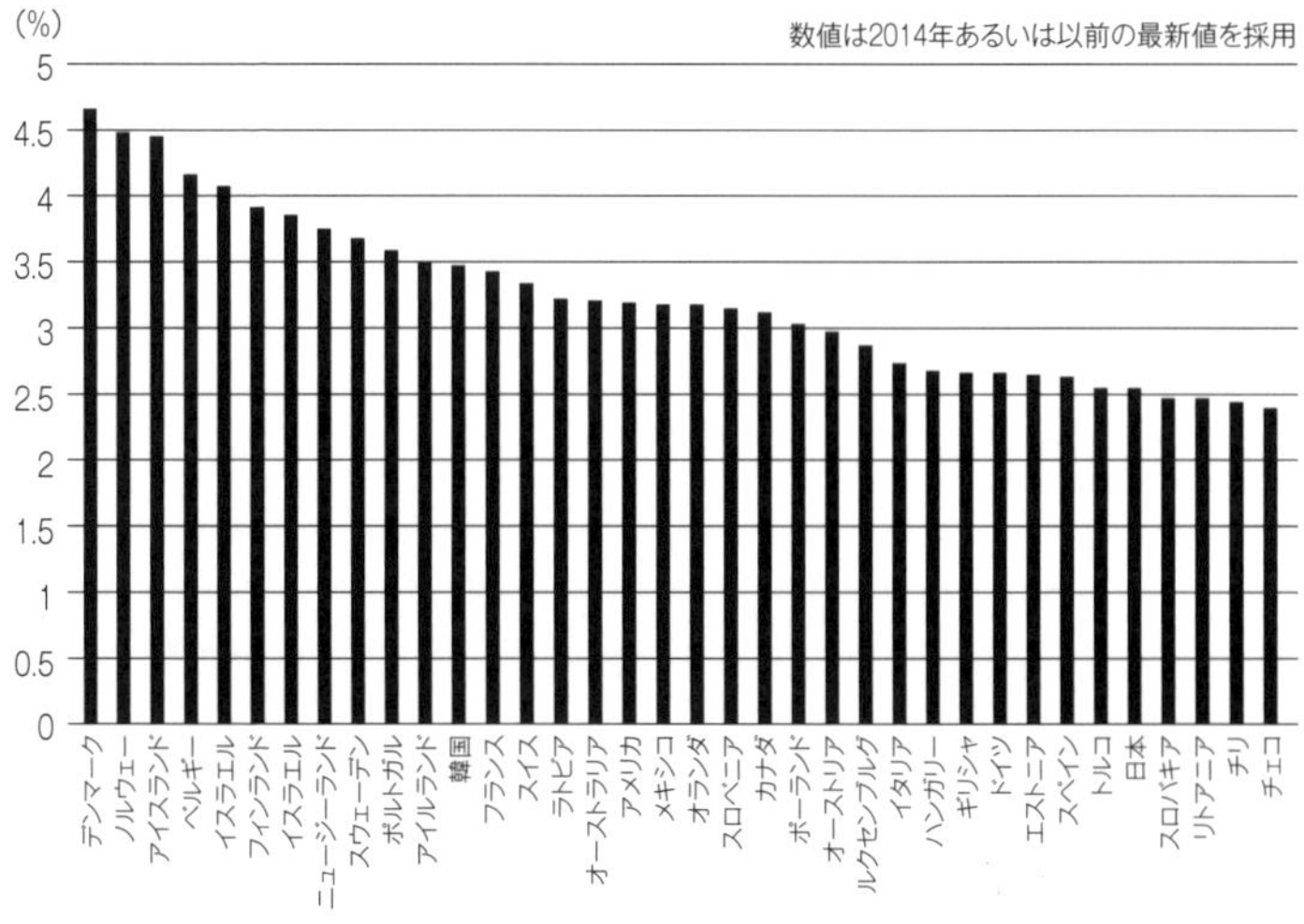

図2　GDPに対する教育費の公的支出（2016年）（出典：OECD）

う言葉を当てたんだよ」と説明してくれた。

4　課題解決力を伸ばす教育

❖教育システムのしくみ

格差のない教育システムについては前述したが、ここではデンマーク人の能力を伸ばす教育システムについて紹介したい。

デンマークは先進国の中でも教育費支出が高い国の一つである。2017年にOECDが発表した教育費の対GDP比率（2014年）で、デンマークは1位の4・7％となっている（図2）。

デンマークにおける教育の目的は、「人格形成を平等に行い、社会の一員として責任を持ち

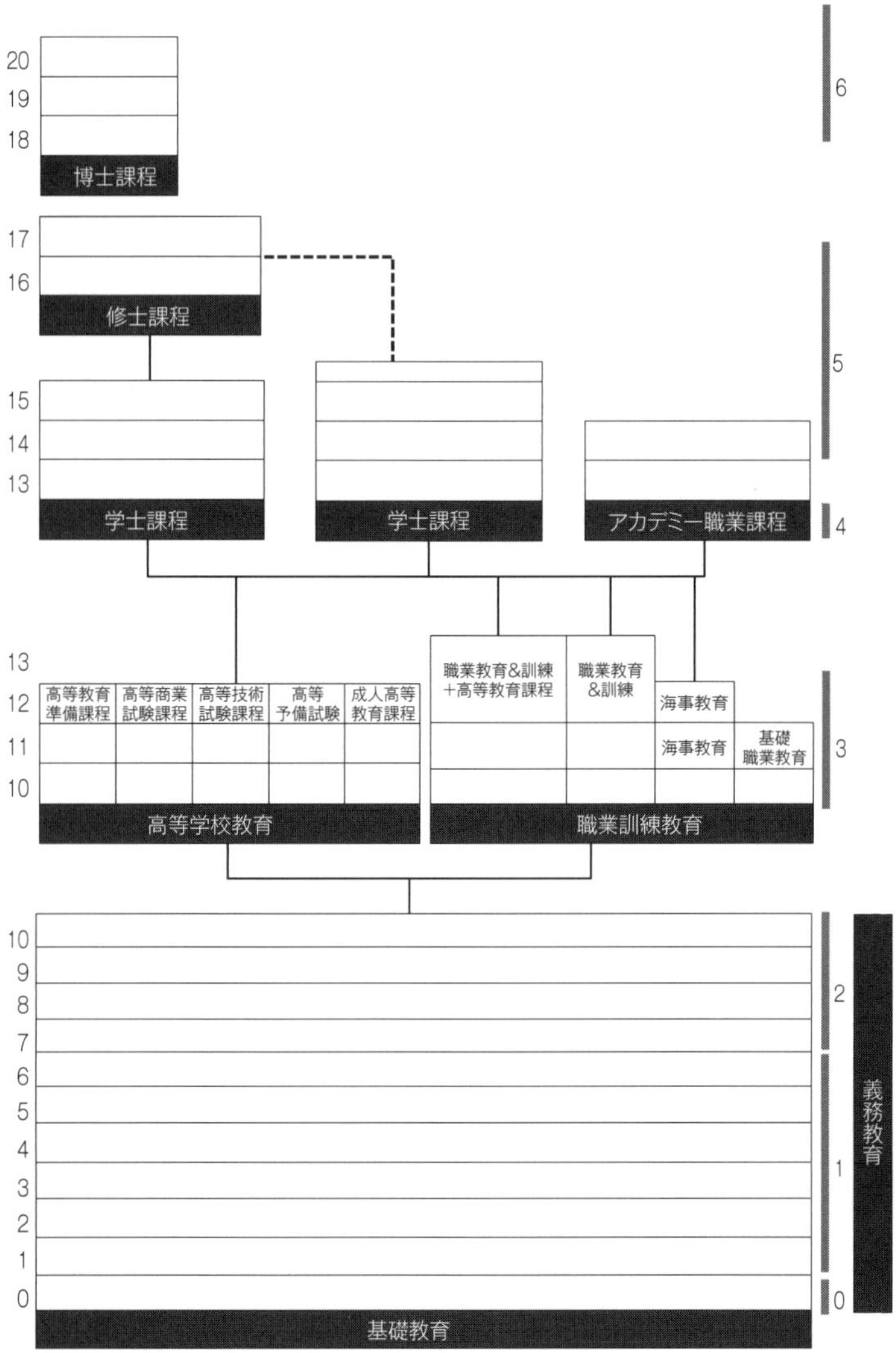

図 3　デンマークの教育システム（出典：Ministry of Children and Education）

義務を遂行し社会に貢献することができる能力を育むこと」とされている。デンマークでは生徒の社会的背景、特に経済的かつ身体的状況に配慮し、差別をなくして1人1人の個性を尊重し、個々の能力を伸ばすことに力を入れている。

義務教育である初頭・中等学校教育（6〜15歳）は小中一貫教育で0〜10学年、ただし10学年は任意であり就学率は半分程度で、高等学校教育（16〜18歳）、大学教育（19〜23歳）、大学院教育（24〜26歳）となっている（図3）。高等学校は普通高等学校と専門高等学校に分かれている。高等学校の修了者は大学などの高等教育機関に入学する資格を得ることができる。

❖教えるのではなく、導く教育

デンマークの教育で重視されているのは、知識の習得だけでなく、社会をつくる上で必要な人格形成、人間性の向上など、日本では大人になってから考えはじめるような人生哲学に力を入れている。これは、前述したグルントヴィの思想が大きく影響している。グルントヴィは、人間であることの意味、社会における人間の意味、世界における人間の意味を探るために、学ぶ者には学ぶことへの内側から湧き出る動機が必要であるとしている。教師は教えるという上からのアプローチではなく、生徒との自由な対話によって、若者に気づきを与える教育が大切であるとした。それを実現するために、試験など知識習得の成果を評価することは不要であり、講義形式の授業から対話形式の教育を重視した。

実は、このグルントヴィの思想がデンマークにおける教育システムの基礎であり、現在でも実践されている。現在のデンマークの教育現場ではもはや「教える」という言葉は使われておらず、「ファシリテート」（手助けする、導く）と言われ、小中学校では基本的にテストも行われない。

❖直感力の育成

前述した人間力の形成に加えて、デンマークの教育で注目されていることは課題解決力の育成だ。わからない原因を突き止め、どのようにすればわかるようになるのか、その方法論を教える。特に現代のように社会が複雑化し、ビッグデータや人工知能など技術の発展が凄まじい社会では、今まで想定していなかった事態が起きる可能性がある。そうした事態の対処法は、教科書を見ても、学校の先生に聞いても正解を得られるとは限らない。そこで問題の本質を見極めて、効率的にかつ公平に、最短で解決策を見出す教育に保育園から取り組んでいる。

たとえば、日本でも紹介されている「森の幼稚園」は、デンマークでも人気があり、コペンハーゲン近郊などでは入園待ちの家族もいると聞く。森の幼稚園では、森の中が教室であり、雨の日も雪の日でも外で過ごすことが一般的で、外気温がマイナス10℃にならない限り、お昼寝も防寒具を着て外で寝る。

森の幼稚園
(©Natsuki Okayasu)

カリキュラムはなく、子供たちは1日中自由に森の中で遊びまわる。森の中で変わりゆく季節を感じ、動植物と触れあうことで、自然の厳しさ、命の大切さ、生きる力とたくましさを身につける。驚いたことに、幼児にナイフを持たせて好きなように遊ばせている園もある。日本では考えられないことなので聞いてみると、ナイフを使うことで怪我の危険性を学ぶことができると説明してくれた。自然と触れあうことは人間としての感性と直感力を育て、国際的に重視されているSTEM教育（科学・技術・工学・数学教育の総称）の基礎となる自分で考え理解する力を養うことになる。

❖問題解決力の育成

問題解決力は、グルントヴィが強調した対話によるコミュニケーション力と自ら目標をたて対応する自立力がベースになっている。

コミュニケーション力を養う教育として、デンマークでは中学生になると生徒同士で議論をしてコンセンサスを得る能力を磨く機会がたくさんある。そのために必要なことは、異なる価値観を持つ仲間と共同作業を行う力、得られたコンセンサスを皆の前で発表し共感を得る力、必要な情報を自分で収集できる力で、その方法を学習していく。

デンマーク人は学校でも家庭でも生まれた時から1人の個人として尊重され、自分の考えで物事を決めることを求められる。こうした特性は主に小学生の間に培われるが、中学生になると個人と社会との関わりを学び、また複雑な関係を調和させることが問われる。デンマークは移民を受け入れてきた経緯もあり、生徒の国籍も多様で、中東、アジアの子供も多い。育った環境も、文化も、生活習慣も異なる生徒が集まって問題を定義し、解決策を議論する場合、異なる考え方や価値観の違いが浮き彫りになる。30人いれば30通りの考えがあり、自分の考えが正しいと思ってもそれを押し通すことは難しい。デンマーク人はあまり意識していないが、デンマークで教えているコンセンサスのつくり方はアクティブラーニングやデザイン思考にも通じるものである。

5　働きやすい環境

❖非学歴社会

デンマークでは教育が重視されているが、学歴を問われることはまったくない。長年仕事を一緒にしている仲間でも出身大学がどこなのか知らないケースがほとんどで、転職が盛んなデンマークでは前職がどこで、どんな役職についていたのかに興味を持つ者も少ないし知らないのが普通だ。

そもそもデンマークでは、高等学校や大学を卒業して会社に入るまでのプロセスが他の国とは異なっている。日本のように一斉に行われる大学入試や就職試験はないので、同世代の若者が同時期に一つの目標に向かって競いあうことがない。大学を卒業するのも、社会に出るのも人によってバラバラで、本当に千差万別というか、各個人の価値観、人生計画に応じて組み立てられる。企業のポストに空きが出ると、日本の組織のように有望な部下を引き上げることもなく、募集は内外を含めて広く行われるので、派閥が構築されることもない。個の自立を重視してきたデンマークは、同質性の社会システムを構築してきた国では考えられないフラットなしくみが息づいている。

❖生産性の高い働き方

デンマークは先進国の中でも労働時間の少ない国の一つである。2018年にOECDが発表した各国の年間労働時間の調査によると、デンマークは1392時間で、ドイツに次いで労働時間は少ない（図4）。

デンマークでは、労働時間が労使協定により1週間37時間と決められている。一般的な企業だと

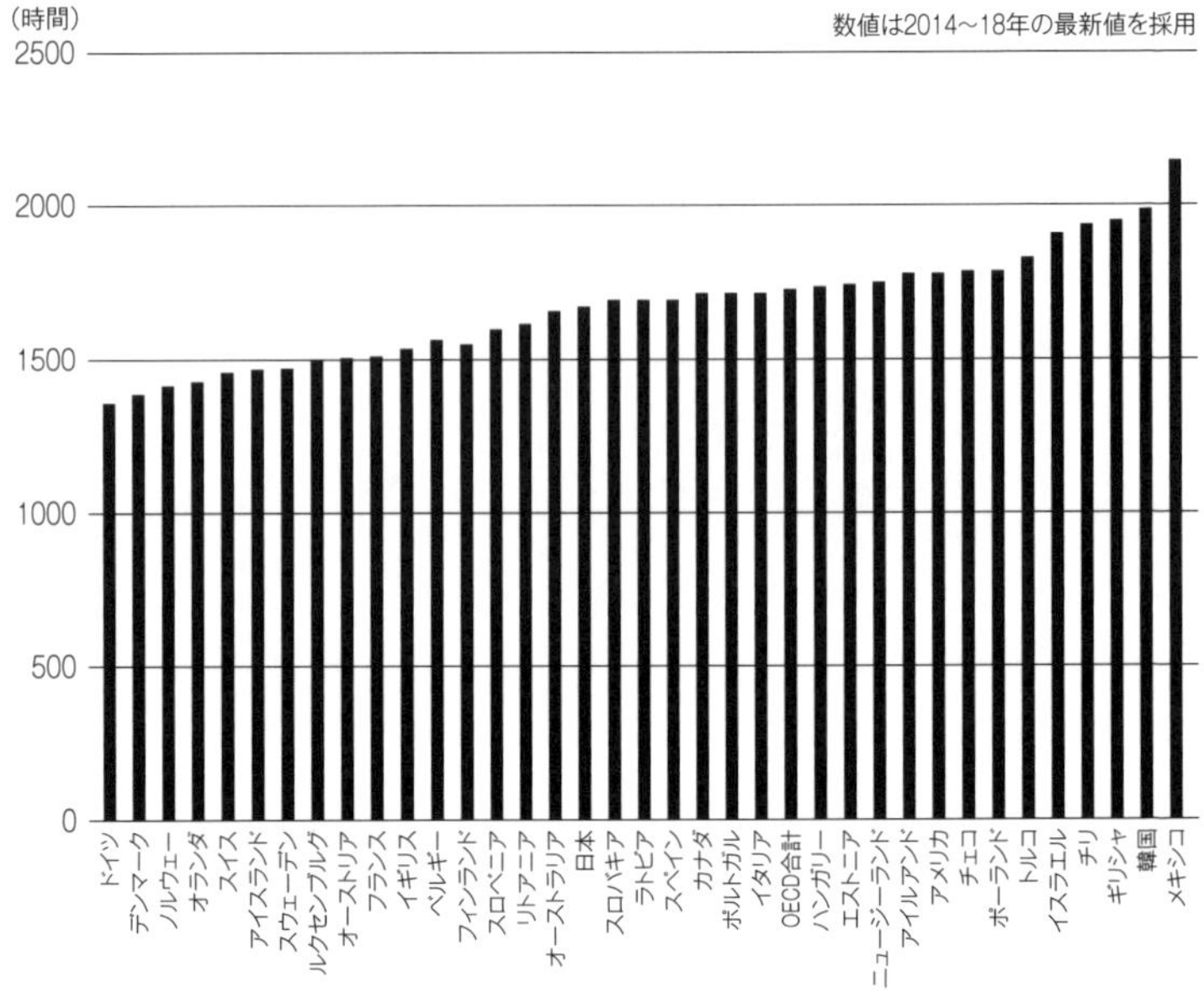

図4　各国の年間労働時間（2018年）（出典：OECD）

8時に出勤し16時には退社する。大抵の職場でフレックス制度も導入されているので、保育園に子供を迎えに行く親は14時過ぎに退社する者もいるし、顧客と食事をしてネットワーキングに参加した翌日は10時に出勤するなど、ワークスタイルの自由度が高い。日本と違うのは、昼休みを1時間しっかりとるのではなく、15分でサンドイッチを食べて仕事に戻り、その分早く仕事を切り上げて帰宅したりする。早朝5時から仕事をしてメールをチェックしてから、子供を保育園に連れて行き早退する母親も多い。

デンマーク人は家庭で過ごす時間を一番大切にしているので、仕事を効率的に仕上げて自宅に帰る人が一般的だ。もしデンマーク企業で毎日18時まで職場に残っていると、事務所の照明と冷暖房は消され業務は行えないし、仕事が遅くて能力のない人材だと思われてしまうだろう。

一方、労働時間で縛られることがない代わりに、デンマークでは仕事のパフォーマンスは厳しく問われる。与えられた目標を達成することは当たり前で、職種によってはそこに付加価値と革新性が加えられているかが評価のポイントになる。パフォーマンスが低い者はすぐに解雇されることもある。

また、会議では、議題を事前に設定し参加者全員が意見を述べる。基本的に持ち帰ることはしないで、参加している者のコンセンサスをまとめてその場で意思決定をすることが求められる。参加している者が決定権を持っているので、たとえ役員の代理で新入社員が参加して最終決定をした場合はその社員の決断が尊重される。

❖フレキュシリティ

「フレキュシリティ」とは、「flexibility」（柔軟性）と「security」（安全性）を組みあわせた造語で、柔軟な労働マーケットと労働者に対する社会保障を組みあわせた政策のことである。

前述した通り、デンマークでは仕事の成果が出ないとすぐに解雇されることもある。しかし、労働者が慌てることがないのは、このフレキュシリティ政策があることも背景の一つだ。デンマーク

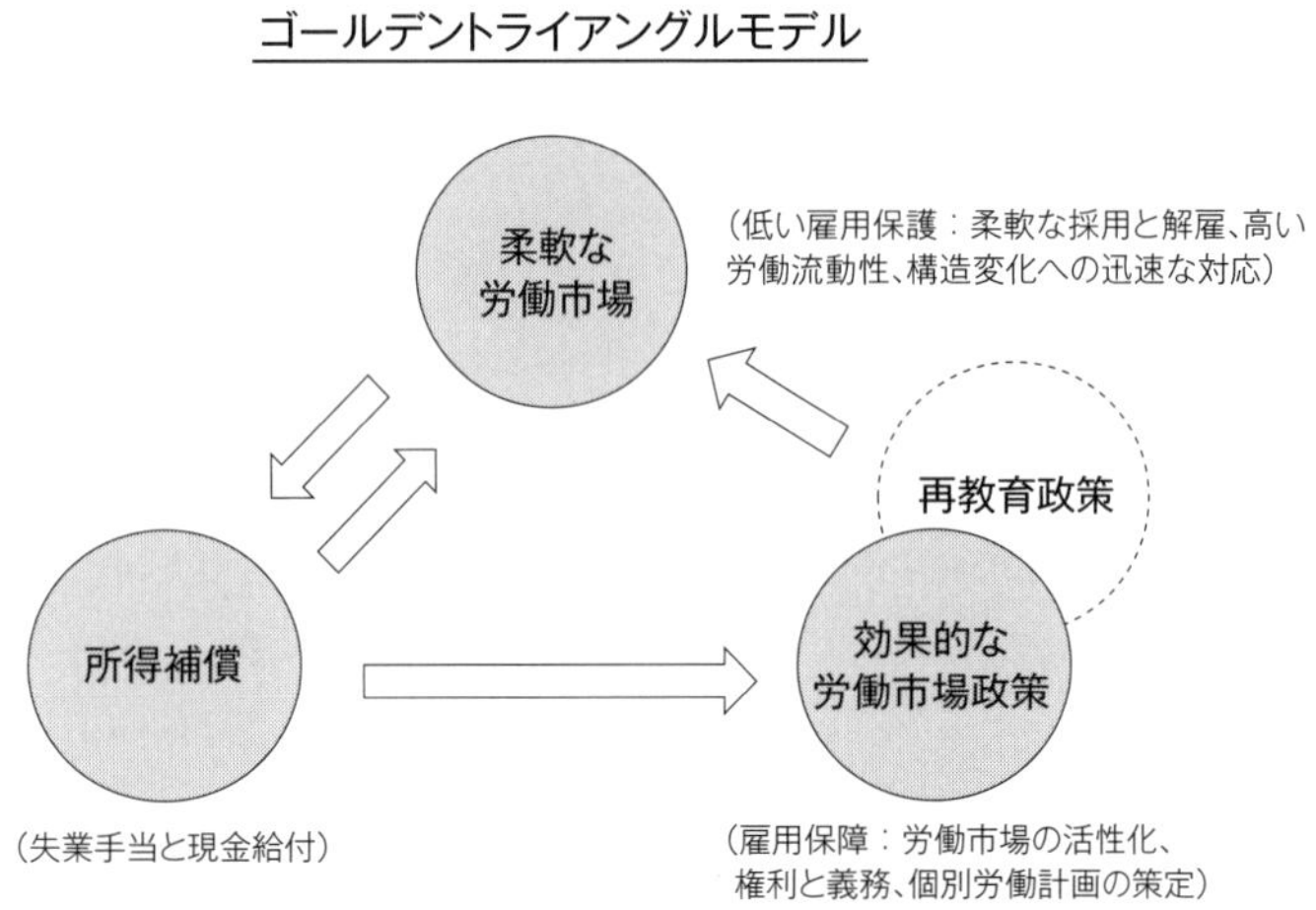

図5　フレキュシリティ・システム
（出典：Danish Agency for Labor Market and Recruitment Flexicurity）

のフレキュシリティモデルは、①労働市場の柔軟性、②所得補償、③効果的な労働市場政策を組みあわせた形でゴールデントライアングルとも呼ばれている（図5）。

労働市場の柔軟性は、雇用主が雇用と解雇をやりやすくすることで、労働力の構成を柔軟に変更でき、経済情勢や産業構造の変化に迅速に対応した組織を再構築することができる。したがって、デンマークでは産業としては衰退しているにもかかわらず雇用を守るために存続するゾンビ企業はほとんどない。

一方、簡単に解雇されるリスクがあるということは労働者にとっては不安要因である。そこで失業者には最長2年間の所得補償が失業保険ファンドから支給される。特に低所得者層への支援は厚く、最大で前職給与の90％が支給される。

効果的な労働市場政策は、社会保障制度の中でも特に重要な位置づけにあり、本政策に関する政府の支出はGDP比3・7％（2012年の実績値）にも達している。目的は、柔軟な労働市場が機能するための施策を打つことであり、失業者の再教育、転職の支援など多岐にわたっている。この失業者の再教育システムは実にうまく機能している。

よく聞かれることは、これだけフレキュシリティ制度が充実していると、意図的に働かず失業して保険を得ようとする者が出てくるのではないかということだ。しかし、以前この制度を利用したことがあるデンマーク人に聞いたところ、実際には逆で、むしろ早く新しい仕事を見つけて社会復帰したいとの回答であった。再教育プログラムは大変しっかり構成されており、次のキャリア形成における目標、そのために必要な能力、それを習得するためのスケジュールや自己管理など、進捗状況を含めてかなり細かくかつ定期的にレポートして提出しなければならないとのことだった。その量も多く、内容も逐次精査されるらしい。彼によると、これらの提出物で毎回頭を悩ませるより、企業で働く方がはるかに楽で簡単とのことであった。

このようにデンマークの格差を是正するシステムは、単に手厚い支援を提供するだけでなく、国民の税金を使うだけの義務と厳しさが緻密に組み込まれていることが、うまく機能している理由の一つである。

6　格差がないからこそ起きること

これまでデンマークの格差がない社会について説明してきたが、「格差がない＝平等に伴う弊害」についても少し触れてみたい。デンマークを紹介する本には、良いところは紹介しても負の側面についてはあまり書かれていないが、何事もすべてのことは表裏の関係にあり、格差を最小化することにより現れる課題についても考えてみたい。

❖高齢者は尊敬されない

デンマークでは勤めている組織の規模、役職を聞かれることはないと前述したが、たとえ首相や大臣経験者、大企業の社長であっても引退してしまえばただの高齢者になる。日本のように引退後も名誉顧問になり会社に残ることもなければ、財界活動に参加して過去の栄光で影響力を及ぼすこともない。本当にただの人となるのである。日本では年配者に対して敬意を払うが、デンマークでは高齢者という理由では特別尊敬もされない。

❖女性の方が強い

社会保障制度が充実して、女性の進出が進む社会では、当然女性が強くなる。日本のように生活するために男性に依存する必要もないので、結婚して相性が悪い場合は無理して婚姻関係を維持する必要はなく、離婚しても問題なく生活できる。事実、デンマークではかなり離婚が多い。

筆者の友人で4度結婚と離婚を経験した男性がいる。彼はデンマーク人としては珍しく、とても気優しく自分の意見は控えめにしか主張しない性格だった。結婚する度に子供が生まれ、離婚の度に子供を引き受けていて、現在8人の子供を育てている。毎週それぞれの子供の母親が子供に会いにきているそうだ。それでは少し不公平にも思えるが、彼は両手を上げて「女性の方が強いから仕方がないね」と言っていた。

デンマーク人の結婚に至るパターンは、女性が男性をつかまえて、まず同棲しお互い相性が良いと結婚するが、離婚する場合は女性が男性を捨てることが多い。

また、デンマーク人が来日した時に日本の交通機関を利用して疑問に思うことの一つは、女性専用車両だ。男女平等社会で生活するデンマーク人には理解しがたいものらしい。女性専用車両が導入された背景を説明しても、今ひとつ腑に落ちていない様子だった。デンマークでは女性に痴漢行為などをしたら確実にその女性に殴られて大怪我をするから誰もそんなことはしないと説明してくれた。

❖難民増加による右翼化の動き

デンマークは移民を受け入れてきた国だが、最近は移民政策に関して右寄りの論調が増えてきている。デンマーク政府は、2018年3月に新たな移民対策を「ゲットー・プラン」と名づけ、厳しい姿勢を打ちだした。

背景は、中東からの移民増加の影響もあり、人口に占める移民の比率が8・6%にまで上昇し、人々の間で移民は仕事をしないで北欧の福祉制度にタダ乗りしているとの不満が高まっていることがある。

ゲットー・プランでは、移民や難民が住民の半数を超え、失業率が高い30地域をゲットーに指定した。この政策は賛否両論で、福祉国家にあるまじき差別ではないかとの指摘もある。事実、ラスムセン首相（当時）はそうした側面もあるかもしれないと認めている。

北欧諸国は民主主義、平等、博愛という理念をもとに福祉政策を進めてきたが、移民の増加と社会保障支出の問題が複雑に絡みあい、今のところすべての利害関係者を納得させる解決策を見出せていない。将来的に格差のない社会システムを維持する上で、デンマークも大きな課題を抱えている。

2章

サステイナブルな都市のデザイン

1　2050年に再生可能エネルギー100%の社会を実現

❖脱炭素化が加速する要因

近年、脱炭素化の動きが世界的に加速している。特に京都議定書（1997年）の後継となるパリ協定が2015年12月12日に採択されてから、各国でパリ協定を反映した具体的な政策や取り組みが進展した。フランスとイギリスは2017年7月、2040年にガソリン車、ディーゼル車の販売を禁止し、電気自動車を推進する意向を示している。アジアでも台湾が2025年までに原子力発電を廃止、再生可能エネルギーによる発電比率を20%にまで引き上げる政策を決定し、その実現のため洋上風力発電の大規模な建設計画を展開し、世界中から投資資金が集まっている。

これまでデンマークが進めてきた環境に配慮したエネルギー政策を他の欧州諸国や、アジアの国々が追いかけるようになってきている。

こうした動きが加速している要因の一つは、世界の平均気温の上昇を産業革命以前と比較して2℃未満に抑えるには、2050年までに世界で保有している化石燃料の80%を燃やせないというカーボンバブルにあることと関係している。これまで再生可能エネルギーに懐疑的であった欧米のエネルギー会社や機関投資家も、化石燃料産業への投資が不良資産化することを懸念して投資を撤退する動き（ダイベストメント）が加速している。

もう一つの要因は、再生可能エネルギーの発電コストが大幅に低下していることだ。特に2010年から2017年までの7年間で、世界平均で太陽光は73%、陸上風力は23%低下した。高コストであると言われていた洋上風力は、欧州でセントラル方式による入札（政府が洋上の開発区を定め、系統接続や許認可など必要な手続きを済ませた上で発電事業者を入札で決める）、開発プロジェクトの大型化、風力発電の大型化、技術力の強化などで、ここ数年、大幅な発電コストの低下と開発リスクの低減を実現している。

たとえば、2016年にデンマークのアーステッド社が落札した、オランダ政府の洋上風力発電プロジェクトでは、実質的に補助金なしで採算が確保できるとの見通しから、当時最低価格である7・27セント(ユーロ)／kWh（約9円）で落札している。さらに2017年にドイツ政府が実施したドイツ沖北極海の発電事業で落札価格がついに0ユーロとなり、洋上風力発電で初めての補助金ゼロのプロジェクトとなった。

ちなみに国際再生可能エネルギー機関（IRENA）の「自然エネルギーの発電コスト2017年」によると、世界全体で加重平均した発電コストで、化石燃料による火力発電のコストは5～17セント(ドル)／kWh（約5～18円）であり、今や欧州において洋上風力発電は火力発電と比べてもコスト競争力があるレベルとなっている。欧州のエネルギー専門家の間では、経済合理性から

バルト海の洋上風力発電施設（©MHI Vestas Offshore Wind A/S）

も、風力と太陽光は火力や原子力発電と同等か条件によってはそれ以上に競争力がついてきたと指摘している。

❖エネルギー戦略2050の策定

デンマークは2011年に、2050年までに化石燃料からの完全な脱却を目指す「エネルギー戦略2050（Energy Strategy 2050）」を公表した。2050年に風力、バイオマス、バイオガスなどによる再生可能エネルギー100％を達成するために、デンマーク政府は政策のマイルストーン（各通過点での達成目標）を設定した。2020年に電力消費の半分を風力発電で賄い、2030年には石炭の使用を止める。そして、2035年には電力と熱供給を再生可能エネルギーで賄い、2050年に電力、熱、産業、運輸におけるすべてのエネルギー供給を再生可能エネルギーで実現するという計画である。

このエネルギー戦略が構想された背景として、2010年時点で、近い将来、アジアを中心とした新興国の経済発展に伴うエネルギー需要の増加から、石油や石炭などの化石燃料の価格が上昇することが見込まれていたことがある。化石燃料の価格が上がると、資源のない小国デンマークが受ける影響は甚大であり、化石燃料価格の変動など、自国では制御が難しい外部リスクを取り除く必要があった。

それにしても、国家リスクを軽減するために、エネルギー戦略を根本から見直し（後述参照）、再生可能エネルギーだけで運営する世界で初めての国家を実現するというのは大胆な決断である。そして、２０１８年6月にデンマーク政府はすべての政党と新たな「エネルギー合意２０１８」に調印している。２０３０年までにすべての電力消費量を再生可能エネルギーで賄い、同時に２０３０年に最終エネルギー消費の55％を再生可能エネルギーで賄うという目標だ。そしてデンマークは国連で定めた持続可能な開発目標（ＳＤＧｓ）を実行する義務を果たすとしている。

❖社会に実装するための緻密なデザイン

このエネルギー戦略２０５０について、小国ゆえに策定できたのであろうとの見方があるが、たとえ規模が小さくても、国家が方向性を大転換し、新しいイニシアチブを発揮することは容易なことではない。そのために、数年かけて政治家、行政関係者、研究者が戦略の実行可能性について検討を重ねてきた。

エネルギー戦略２０５０は、①再生可能エネルギー、②エネルギー効率、③電化、④研究開発と実証、の四つから構成されており、それぞれ詳細な分析に基づく行動計画が定められている。また、戦略を確実に実行するための原則としくみが組み込まれていることが特徴だ。

エネルギー戦略２０５０に移行するための原則として、①コスト効率性を追求すること、②公共財への影響を最小限にすること、③戦略が導入されてもデンマーク経済の競争優位性を維持すること、④国際的なフレームワークを完全に活用すること、デンマーク一国の目標達成にとどめるのではなく、国際的なエネルギー市場の枠組みの中で展開していくこと、としている。

そして、戦略を確実に実行するしくみとして、三つの重要な目標が設定されている。〈エネルギー2050に転換するための手順〉では、再生可能エネルギーとエネルギー効率性の改善、〈計画と準備段階における手順〉では、スマートグリッドなどの高性能なエネルギーシステムの導入、電気自動車など運輸における各種施策、そして〈国際間の分野横断的な連携、技術開発の手順〉では、地域熱暖房や大規模ヒートポンプの実証や再生可能エネルギーなどの新技術開発に向けた支援などを定めている。

紙面の関係ですべては記述できないが、それぞれの手順に具体的な数値目標、その数値目標を導きだした分析、そして目標を達成するための個別施策まで定められている。エネルギー戦略2050が確実に社会に実装され絵に描いた餅にならないよう、具体的かつ実行可能な枠組みがきちんと設計されている。

さらにデンマークらしいことは、再生可能エネルギー100%を実現するために、包括的なアプローチが採られていることだ。単に再生可能エネルギーで発電するだけではなく、エネルギー効率の高い社会システムを構築すること。デンマークの強みである風力発電を有効活用し、グリーン電力化を推進すること。そして継続した研究開発への投資と実証によりエネルギー分野でイノベーションを起こしていくことである。

❖1970年代からのエネルギー政策

現在の脱炭素化の世界的な潮流のかなり前から、デンマークはエネルギーを100%再生可能エネルギーで賄う方向性を示していたことも注目に値する。

デンマークでは1973年の第一次オイルショックをきっかけに、1985年に原子力発電に依存しないエネルギー計画を国会で決議し、風力発電による再生可能エネルギーを導入するなど段階的に取り組んできた。

デンマークも日本と同様に、1960年代の急速な経済発展に伴うエネルギー消費の拡大に直面していた。当時のエネルギー源は輸入した石油に依存していたが、1973年に第一次オイルショックが起きたことで、デンマーク政府は石油依存を低減させるため原子力発電の建設を公約することとなった。日本も当時、原油価格の高騰と安定的なエネルギー確保のために原子力発電の建設が推進されていた時期である。

しかし、日本が2011年の福島第一原子力発電所の事故後も、次期第五次エネルギー基本計画(2018年5月現在)で石炭に加えて原子力発電をベースロード電源と位置づけているのに対し、なぜデンマークは再生可能エネルギー100%に舵を切ることができたのだろうか。

さまざまな要因はあるが、あえて一言でまとめると、デンマーク人の「環境知性」がもたらした成果であると考えられる。1975年に環境NGOである原子力発電情報協会（OOA）と再生可能エネルギー協会（OVE）が設立され、これらの組織が重要な役割を果たした。

当時、デンマーク政府は第一次オイルショックを踏まえて、「エネルギー計画1976」を策定した。これは増えるエネルギー需要を賄うために北海油田の天然ガスの利用、熱供給の実現、そして原子力発電所を6カ所建設するというものであった。これに対して、原子力発電情報協会は原子力発電に依存しないエネルギープランである「代替エネルギー計画」（AE76）を提示した。デンマーク工科大学の科学者も加わり、原子力発電の代わりに、建物のエネルギー効率化、再生可能エネルギーの導入、そして政府が立てた計画よりはるかに少ないエネルギー需要の増加を見込んでいた。当時、政府や産業界からはこの計画に対して「経済成長を実現するためにはエネルギー消費の増加は避けることができないので非現実的」との批判が起こった。

しかし、原子力発電情報協会による原子力発電導入反対運動は国民に広く共有されるようになり、最終的に1985年、脱原子力発電の国会決議が可決されることとなった。

原子力発電の導入が反対された理由として、次のような点が考えられる。デンマークのように国土が狭く、平坦でかつ地下水を飲料水として利用している国では、原子力発電は最適な解決策ではない。さらに、フィンランドのオンカロのような放射性廃棄物最終処分場を建設する場所がないこと、万が一原子力発電所の事故が起きた場合に、それに対応できる技術が十分確立しておらず、補

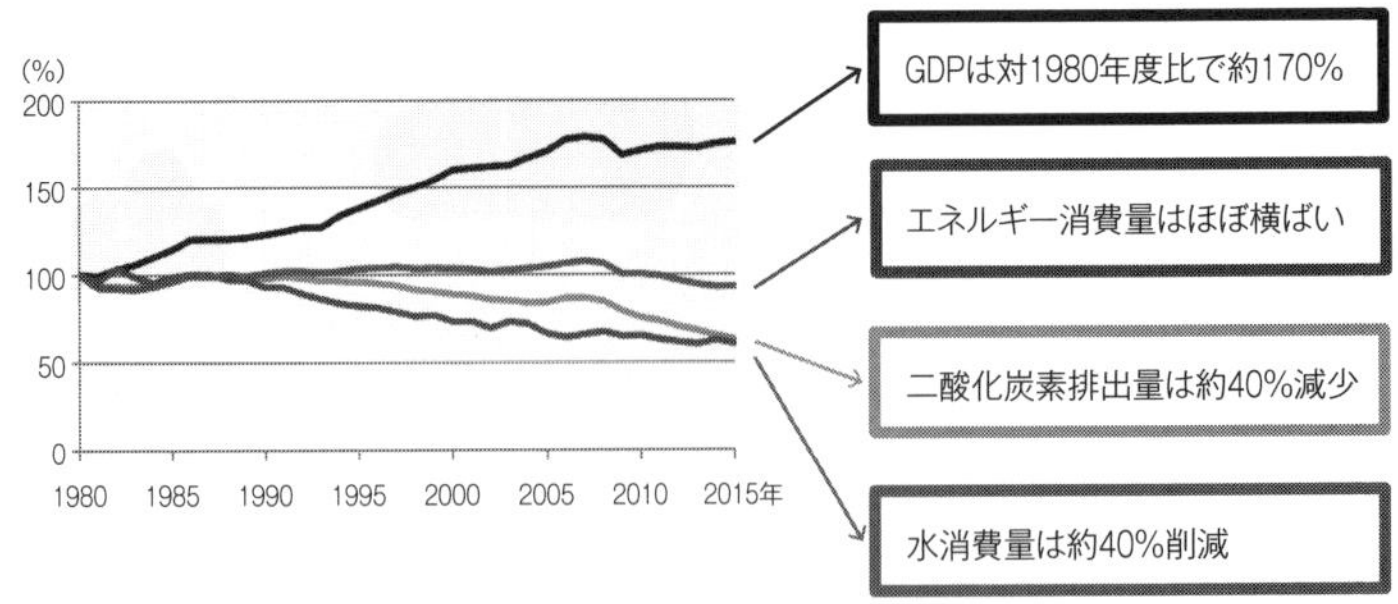

図1　デンマークのGDP、エネルギー消費量、二酸化炭素排出量、水消費量の推移
（出典：デンマーク統計局、デンマークエネルギー庁、デンマーク上下水道協会）

償に莫大な費用が必要なこと。そして、将来原子力発電所を廃炉にするための費用も考慮しなければならないこと。

現在デンマークのエネルギー消費量はほぼ横ばいで推移しており、すでに経済成長とエネルギー消費は比例しないことが実績として証明されている（図1）。

これらのエネルギーシナリオと原発の課題を1980年代、しかもチェルノブイリ原子力発電所事故（1986年）が起きる前に国民が議論していた。これはまさしく時代を先取りしたものであり、デンマーク人の「環境知性」の賜物である。

そして結果的に、デンマーク政府はエネルギー問題の本質と持続可能性を踏まえた計画「エネルギー2000」を1990年に発表することになった。このエネルギー計画は、国家として世界で初めて総エネルギー消費量を15%以上削減し、再生可能エネルギーを全エネルギーの30%以上とする目標を組み込んだ画期的なものであった。そして、この「エネルギー2000」の経験と実績が、最終的に2050年に脱化石燃料を目指すという「エネルギー戦略2050」に結実することとなった。

2 サーキュラーエコノミー（循環型経済）の推進

❖EUで加速する循環型経済

サーキュラーエコノミー（循環型経済）の領域でも、デンマークはEUと連携して積極的な取り組みを行っている。

EUは2015年12月に採択した「サーキュラー・エコノミー・パッケージ」で、循環型経済の実現に向けた戦略を策定した。欧州経済を循環型経済システムに移行し、国際競争力の向上、持続可能な経済成長、新規雇用の創出を目指すとしている。そしてEU指令で廃棄物に関する目標を掲げている。

・2030年までに、EU加盟国自治体の廃棄物の65％をリサイクルする
・2030年までに、EU加盟国自治体のパッケージ廃棄物の75％をリサイクルする
・2030年までに、EU加盟国自治体の埋め立て廃棄量を最大で10％削減する
・再利用と産業共生を推進するための具体的な評価体系を整える（特定産業の副産物を他産業における原料にする）

・生産者に対しグリーン製品を市場に投入し、再生とリサイクルスキームを推進するための経済的インセンティブを準備する

❖デンマークのポテンシャル

サーキュラーエコノミーを推進しているイギリスのエレン・マッカーサー財団によると、サーキュラーエコノミーは以下のように定義されている。

「サーキュラーエコノミーは、デザインにより再生、再利用するしくみであり、製品とそれを構成する部品、原材料を技術的なものと生物学的なサイクルとに区別しながら、その価値と利用可能性を最も高い水準で維持すること」

デンマークにおいてサーキュラーエコノミーは、今後も世界の人口増加が続くなかで、従来のリニアな「直線型経済発展」が限界に近づきつつあること、地球環境の保全と経済発展をバランスよく実現することが喫緊の課題であると認識されており、環境に配慮したグリーン成長の戦略的なモデルとして捉えられている。

デンマークでは、サーキュラーエコノミーは政府の環境・食料省と前ビジネス・成長省が積極的に関与し、この分野の先駆者的な役割を担うことを目指している。また、2015年、デンマークは世界経済フォーラムで、世界におけるサーキュラーエコノミーを展開する潜在力においてフロン

トランナーであるとも評価されている。

前述のエレン・マッカーサー財団のリサーチによると、デンマークがサーキュラーエコノミーを導入した場合、次の効果が期待できるとしている（これらの効果は、デンマーク経済の25％をカバーしている食料飲料、建設と不動産、機械、プラスチックとパッケージ、病院などの産業をもとに算出されている）。

・GDPを0・8〜1・4％程度押し上げる
・資源の消費を50％まで削減する
・デンマークのカーボンフットプリント（原材料調達から廃棄・リサイクルに至るまでのライフサイクル全体を通して排出される温室効果ガスの排出量）を3〜7％削減する
・2035年までに0・7〜1・3万人の新規雇用を創出する

❖民間主導のビジネスモデル

このような具体的な導入効果が示されていることもあり、デンマークではむしろ民間企業が政府を引っ張る形で積極的にサーキュラーエコノミーに対応したビジネスを展開している。サーキュラーエコノミーを収益力もあり持続可能な解決策にするためには、製品のデザイン段階からサーキュラーエコノミーの原則を組み込んだアプローチが重要である。この点、デンマークの強みであるデザイン力がサーキュラーエコノミーのビジネスモデルの構築を後押ししている。

もともとデンマークは、アルネ・ヤコブセン、ハンス・ウェグナー、ポール・ヘニングセンといったデザイナーによるプロダクトデザインで世界的に有名であった。特にデザインの特徴として、美しさ、機能性、品質に加えて、持続可能性も考慮したロングライフデザインに定評がある。こうしたDNAを受け継いでいる若手のデザイナーを中心にサーキュラーデザインの活動が進展しつつある。

持続可能で再利用可能な素材のデザイン領域としては、素材の分解を補うデザイン、リサイクルを容易にするデザイン、包括的なデザイン、美しいサステイナビリティを追求したデザインなどである。こうしたサーキュラーデザインは経営資源の有効活用、生産コストの低減、収益力の向上など企業にも経営上の価値をもたらしており、近い将来、環境に配慮した循環型モデルとサーキュラーデザインに取り組まない企業は、大きな遅れをとることになるだろう。

たとえば、世界的なビール会社であるデンマークのカールスバーグ社は、環境に配慮したグリーン・ファイバーボトルを2016年に発表している。カールスバーグ社は以前から持続可能なビジネスに注力していた企業であり、すべてのバリューチェーンに持続可能性を組み込んで統合することを企業戦略としている。

そして現在は「Together Towards ZERO戦略」を構築し、①カーボンフットプリント・ゼロ、②水廃棄ゼロ、③無責任な飲酒ゼロ、④事故ゼロを軸に、①資源と環境、②健康と幸福、③人々と政策の三つのテーマを設定している。

特にカーボンフットプリント・ゼロについて、2030年までにビール醸造所でゼロカーボン(二酸化炭素の排出をゼロにすること)を達成することを目標にしている。カールスバーグ社にとって課題であったのは、二酸化炭素排出の実に45%がパッケージング由来であったことだ。同社は環境にやさしいパッケージを開発することで、消費者も巻き込んだリサイクル率の向上、最小限の資源利用を進めることを目指した。デンマーク工科大学、素材開発企業と協業して、世界で初めてペットボトルと同じくらい軽量でバイオ資源と木繊維を利用したバイオデグレーダブル(微生物が分解できるプラスチック製品)ビール瓶を開発した。

もう一つ、コペンハーゲンの西110kmに位置するカルンボー市の「産業共生モデル」を紹介する。カルンボー市は人口約1・6万人、海に囲まれた風光明媚な街で、デンマーク人の夏の観光地である。

ここでは企業間で工場の廃棄物を資源として融通し有効活用する産業共生モデルを構築してきた(図2)。産業共生モデルは自然の生態系システムに経済システムの原理を統合したものであり、地域社会における公的セクターと民間セクターの協業を通じて、廃棄物や残留物の売買、そして経済的な相互利益を実現しながら環境に配慮したしくみを構築している。

このカルンボー産業共生モデルで特筆すべきことは、何と言っても1970年代から取り組んでいることであろう。世界がまだ大量生産・大量消費で直線型経済に邁進していた時代にすでに循環型経済モデルの実証を行っていたことには驚く。

そして、この産業共生モデルには世界的な先進企業だけでなく小企業も参加している。企業規模

サーキュラーエコノミー・モデルの効果

- □コスト削減と二酸化炭素排出削減
- □少ない資源で成長を実現
- □企業の競争力を高める
- □弾力性のある社会や企業の創出

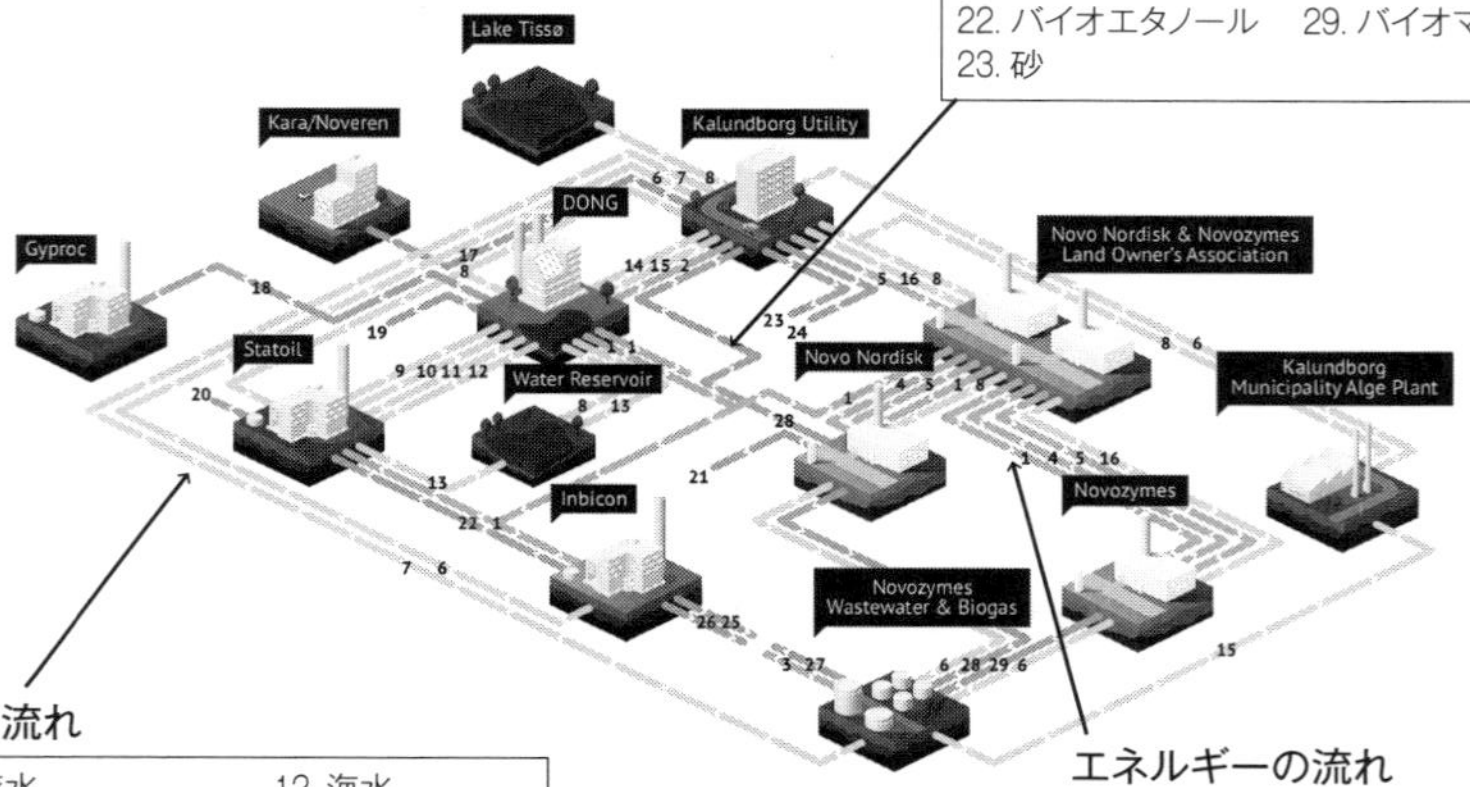

材料の流れ

17. 廃棄物	24. 汚泥
18. 石膏	25. C5糖／C6糖
19. 飛灰	26. リグニン(木質素)
20. 硫黄	27. ノボグロ30
21. 懸濁液	28. エタノール廃棄物
22. バイオエタノール	29. バイオマス
23. 砂	

水の流れ

6. 廃水	12. 海水
7. 浄化された廃水	13. 排水
8. 地表水	14. 給水
9. 工業用水	15. プロセス水
10. 使用済冷却水	16. 浄化済地表水
11. 脱イオン水	

エネルギーの流れ

1. 蒸気
2. 地域熱供給
3. グリッドへの電力供給
4. コンデンセート
5. 地域熱供給

図2　カルンボー市のサーキュラーエコノミー・モデル（出典：Symbiosis Center Denmark）

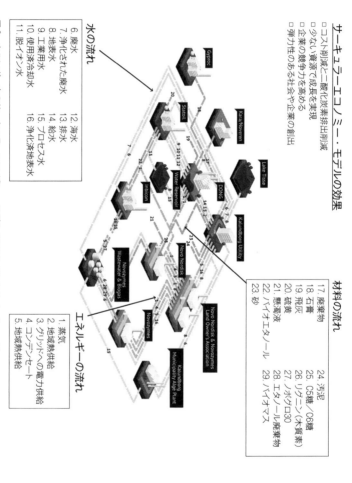

にかかわらず、①コスト削減と二酸化炭素排出の削減、②少ない資源で成長を実現、③企業の競争力を高める、④弾力性のある社会や企業の創出などの効果が得られる。カルンボー産業共生モデルは、現在世界でも最も有名な産業共生モデルとして知られている。

3　世界有数の自転車都市

❖コペンハーゲンの自転車政策

デンマークはオランダと並んで自転車大国として知られている。コペンハーゲン市民の通勤・通学者の41％（2017年）が自転車を利用している。

コペンハーゲンの自転車道の歴史は中世時代に遡る。当時、市民の主要な移動手段は徒歩か馬車であり、コペンハーゲン市内の幹線道路にも馬車道が整備されていた。そして1800年代後半から1970年代のモータリゼーション前までは、自転車が市民の足として定着し、コペンハーゲンは自転車都市であった。しかし、他国と同様、市民が自動車を利用するようになると、自転車道を廃止する動きも見られた。

しかし、自動車による交通渋滞や交通事故、そして大気汚染や環境問題の高まりから、再び自転

コペンハーゲンの自転車通勤風景

車が注目されるようになり、1990年以降、自転車専用道の実証実験などを通じて、再び自転車が市民の足として主役に躍り出ることになった。

デンマークにおける自転車プロジェクトの特徴として、コペンハーゲン市など自治体が積極的に自転車の利用を推進していることがある。たとえば、コペンハーゲン市は技術・環境市長（デンマークでは各部門に市長がいる）が主導し、サイクリストにとって世界で最も優れた都市になることを目標にしている。

なぜ、自治体がここまで自転車政策を推進するのだろうか。前述の通り、デンマークでは国が「2050年に再生可能エネルギー100％の社会を実現する」目標を設定した（エネルギー戦略2050）。首都のコペンハーゲン市は、国の目標を上回る「2025年に世界初のカーボンニュートラル首都を実現する」目標を掲げた。そのためのエネルギー政策「CPH2025気候プラン」を2012年に策定し、取り組みを進めている。そして自転車はこの気候プランを実現するために重要な役割を担っている。CPH2025気候プランについては5章で詳しく解説するが、コペンハーゲン市は、この気候プランの中で環境に配慮したグリーンモビリティとして、2025年までに以下の目標を挙げている。

・市内の移動の75％を徒歩、自転車、公共交通機関にする
・職場、学校に自転車で通う通勤・通学者の比率を50％まで高める
・2009年と比較し、公共交通機関を利用する比率を20％高める

・公共交通機関はカーボンニュートラルとする
・軽量車両（3・5トン以下）の燃料の20～30％は２０２５年に電気、バイオガス、バイオエタノール、水素とする
・重量車両（3・5トン以上）の燃料の30～40％は新しい燃料（バイオガスやバイオエタノールなどのバイオ燃料）を利用する

日本のように鉄道インフラが充実していない都市で、自動車から自転車や公共交通機関にシフトしてもらうことはかなり難しい。それでもコペンハーゲン市がこの政策を強力に推進している背景には、２０２７年までに２０１７年比で15％の人口増加が予測されていることがある。人口が増加すれば、都市交通の不整備は二酸化炭素の削減計画に大きな影響を及ぼす。もし何も手を打たず、市民が今まで通り自動車を利用したら、世界初のカーボンニュートラル首都を２０２５年までに達成する公約は実現できない。特に運輸は、電気自動車が普及し始めているとはいえ、大型トラック、観光バス、路線バスは依然としてガソリンやディーゼルが中心で、電気バスや水素トラックの普及には時間がかかる。したがって、コペンハーゲン市として可能な限り多くの市民に自動車の利用を止め、徒歩、自転車、地下鉄などの公共交通機関にシフトしてもらう必要がある。

ＣＰＨ２０２５気候プランで、自転車に関する目標は以下の通りである。
・コペンハーゲンにおける自転車道を80％増やす
・サイクリストの走行時間を15％低減させる

・自転車で大きな怪我を負うサイクリストを70％削減する
・自転車文化が都市環境に良い影響を与えていると考える市民を80％まで高める
・駐輪場に満足する市民を70％まで高める

いくら2025年にカーボンニュートラル首都にする目標を立て、自転車専用道路が十分に整備されているからといって、通勤・通学者の自転車利用率を50％まで高めることは並大抵のことではない（2017年の通勤・通学者の自転車利用率は41％）。だがコペンハーゲン市は巧妙かつ戦略的な政策で、目標の実現に邁進している。そのなかでも市民が自ら進んで自転車を利用したくなる、ユニークな取り組みを紹介しよう。

❖自転車スーパーハイウェイの整備

2012年にコペンハーゲンとファーウン、アルバーツルンドを結ぶルートが開通して以来、拡張が続けられ、総延長467㎞（2018年時点）の「自転車スーパーハイウェイ（高速道路）」が整備された（図3）。コペンハーゲンでは5㎞未満の移動では60％の市民が自転車を利用するが、5㎞を超えた途端にその比率は20％に下がる。この数値を引き上げるためにハイウェイの新線が追加され、「広域コペンハーゲン（Greater Copenhagen）」（デンマーク東部とスウェーデンにまたがる大都市圏で、85の市町村に430万人が暮らす）にリング状の環状線も含め8本の自転車スー

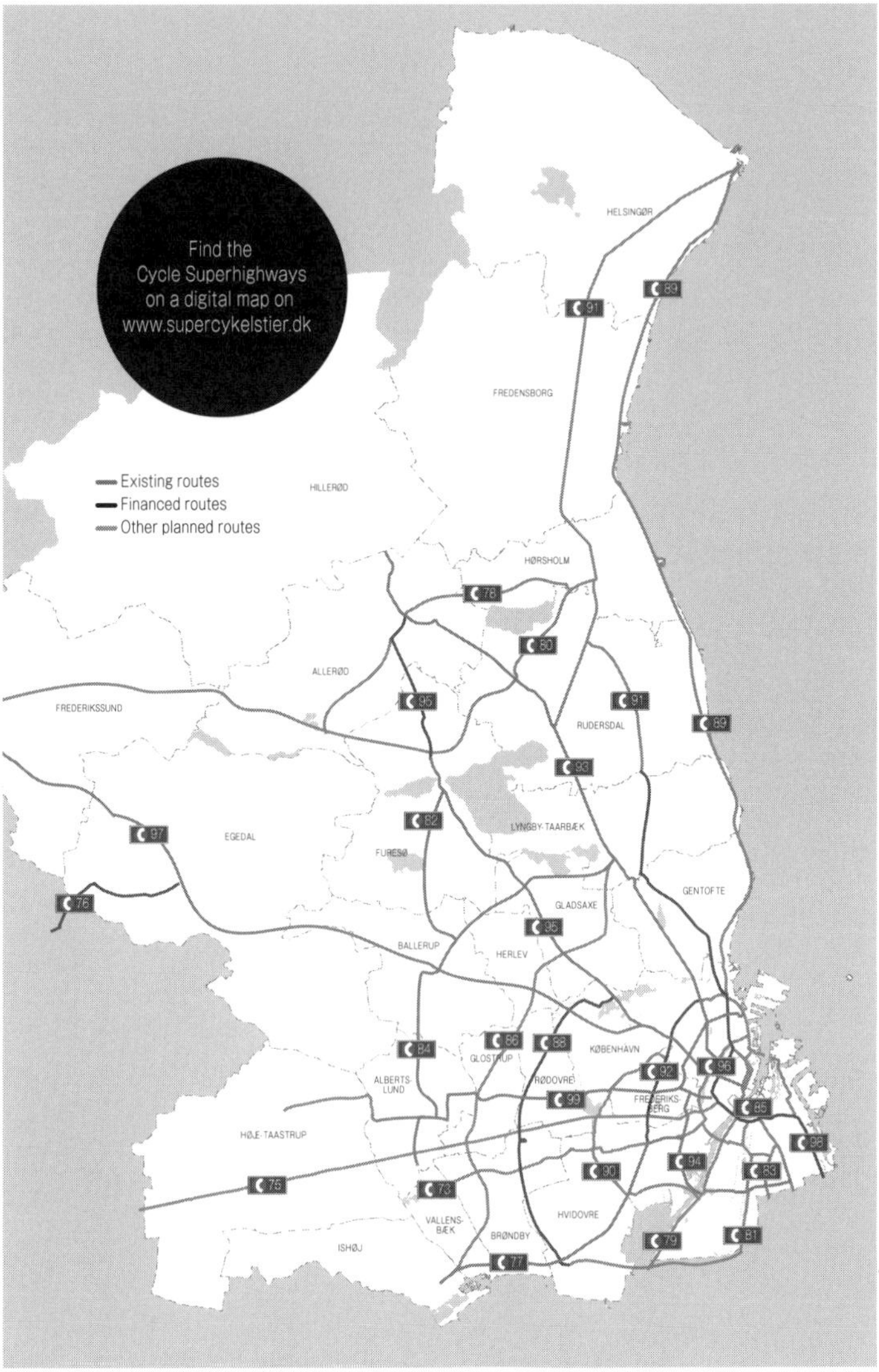

図３　自転車スーパーハイウェイのマップ（出典：Cycle Superhighways Capital Region of Denmark）

パーハイウェイが開通している（2017年時点）。

現在コペンハーゲン市民は、片道3～10㎞程度の距離を自転車で通勤・通学していると言われている。なかには片道20㎞も走行する人がいて、雨や雪の日でも自転車でオフィスや学校に通っている。ちなみに20㎞がどの程度の距離感かというと、大手町に事務所やキャンパスがあると仮定すると、川崎駅、三鷹駅、南浦和駅、船橋駅、新松戸駅からとほぼ同じ距離である。日本人なら、この距離間だと、たとえ自転車スーパーハイウェイが整備されたとしても、自転車通勤・通学を躊躇してしまうのではないだろうか。

広域コペンハーゲンの自治体も、市民が簡単に自動車から自転車に乗り換えてくれると思っていたわけではなく、市民が自発的に自転車を利用してくれるような仕掛けを施す努力をしている。たとえば、自転車スーパーハイウェイはコペンハーゲン中心部を離れると、風景は一変して、まるで高原の林間コースのような景色に出会うルートもある。毎日林間コースをサイクリングして通勤することができればリフレッシュになり、満員電車でストレスを感じながら仕事に向かうよりはるかに健康的ではないだろうか。日本に置き換えると、自宅を出ると自転車スーパーハイウェイで蓼科や軽井沢のような林間コースで新鮮な空気を吸いながら都心に向かう。都心まで辿り着いたら渋滞はあるものの、都心の自転車専用レーンを利用して安全に、ほぼ予定した時刻通りに大手町の事務所に到着するというイメージだ。

自転車スーパーハイウェイにはルート表示があり、道に迷うことはない。途中にはパンクした時に対応できる空気ポンプも設置されている。また、交差点の安全性も高く、サイクリストが快適に利用できるよう工夫されている。これは、市民にどんな状況下でも自転車の方が自動車より快適で便利であると認識してもらい、サイクリストであり続けてもらうための仕掛けでもある。

❖自転車走行速度を統一するグリーンウェーブ

コペンハーゲン市が２００７年ノアブロ路線に導入後、他の路線に拡大されているグリーンウェーブ。当初は、自転車道に埋設されたＬＥＤに同期して、時速20㎞の速度で走行する限り、朝と夕方の通勤時間帯に赤信号で止まることがないという路線であったが、高性能な信号機の導入により、ＬＥＤは現在撤去されている。つまり、グリーンウェーブでは時速20㎞を維持している限り、交差点はずっと青信号なので止まることなく走行できるというしくみだ。

なぜ、20㎞なのか。実は、サイクリストの心理面まで考慮して設計されている。コペンハーゲンのサイクリストの平均走行速度は時速16㎞で、20㎞だと少し頑張ってスピードを出さないといけない。そのことで自転車交通の流れがよくなり未然に渋滞を防ぐことができる。

一方、なかには20㎞以上のスピードに慣れているサイクリストもいるだろう。朝夕の通勤ラッシュ時にスピードの出ている自転車が交通の流れに加わると危険である。しかし、高速で走行していても、赤信号に引っかかるため、到着まで時間がかかる。そこで、高速で走行していたサイクリスト

時速 20 ㎞で走行すると赤信号で止まらないグリーンウェーブ

も20㎞に速度を落として走行した方が、到着時間が短縮されることがわかると、20㎞の交通の流れに同調するようになる。そして自転車交通の流れが調和することで、子供を乗せている母親も高齢者も安心して自転車道を利用することができる。

現在開通しているグリーンウェーブは、他にアマー路線、ウスター路線、ファイマス路線などがある。ウスター路線では、グリーンウェーブ2・0のプロトタイプが試験運用されている。この路線には交通を検知するセンサーシステムが導入されており、交差点に接近中の自転車がまとまって5台以上の場合、その一団が通過するまで青信号を延長する。

コペンハーゲンではサイクリング中にスマートフォンなどで現在地や到着時間を確認している人はほとんどいない。サイクリストが考えていることは、目的地まであとどれくらいで到着できるか、普段よりも早いか遅れているかということだ。毎日同じ路線を走行しているサイクリストには、自分の体調、スピード感覚、走行している路線の景色から、現在の位置、到着時間などが直感的にわかるものである。そうした心理と信号が変わるタイミングを微妙に調整しながら、グリーンウェーブ2・0では集団交通を最も効率的かつ安全に管理する方法を探っているのである。

❖多面的な包括的アプローチ

このように、デンマーク、特にコペンハーゲンの自転車政策は、環境・エネルギー問題、都市交

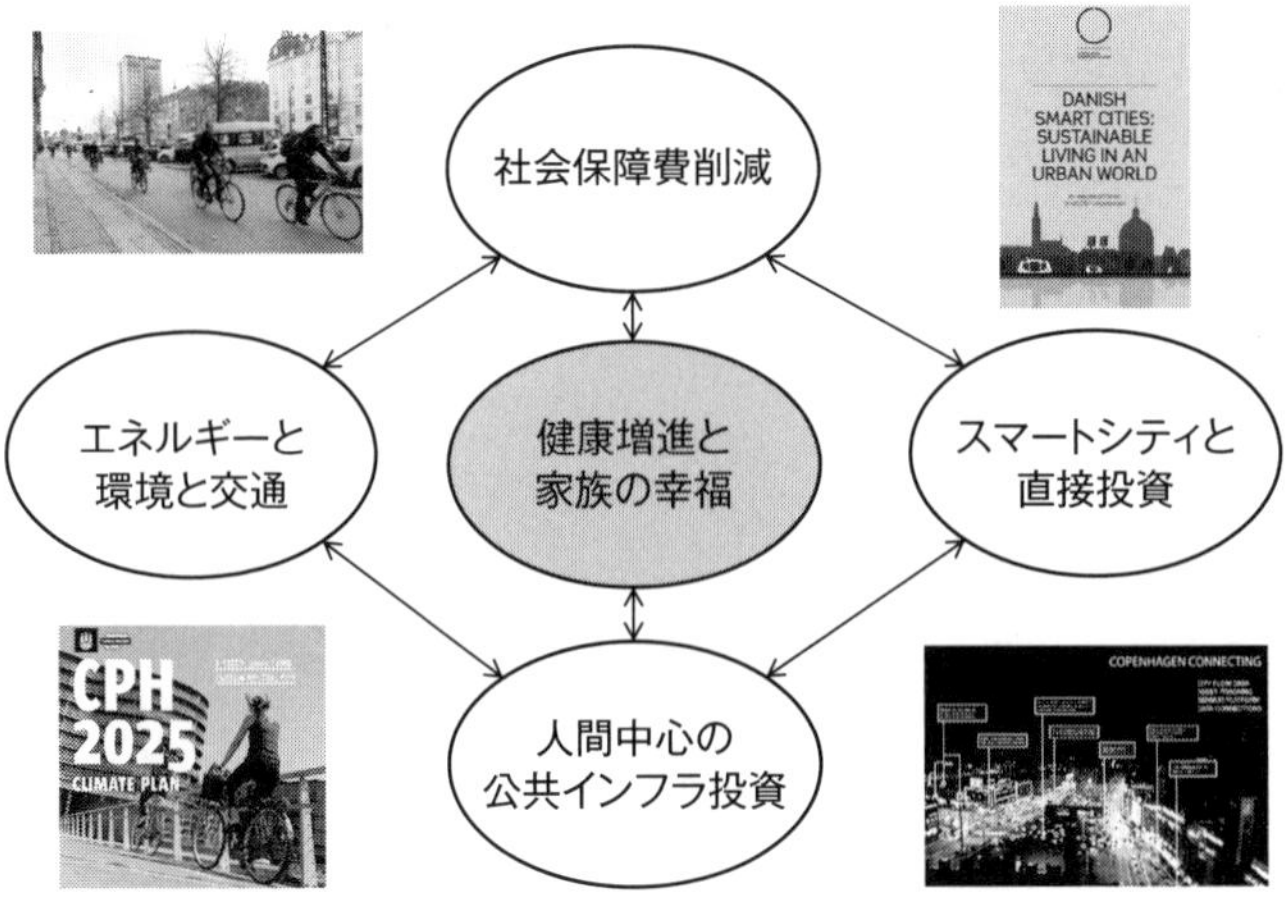

図４　自転車交通の包括的アプローチ（出典：図中の資料画像はコペンハーゲン市）

通問題を解決する手段として取り組まれている。しかし、自転車はさらに大きな枠組みの中で位置づけられている。

図４にある通り、自転車政策は環境エネルギー、都市交通の課題解決に加えて、市民の健康増進、社会保障コストの削減、投資誘致と産業の発展、家庭の幸福にもつながっている。これはよくデンマークで取り上げられる「包括的アプローチ（holistic approach）」と言われるもので、物事を多面的に捉えて問題の本質に迫り、多様性の中で解決策を探る方法である。

包括的アプローチは自転車以外にも再生可能エネルギー、医療や福祉、スマートシティなど多くの分野で取り入れられている。自転車の例では、前述の通り、市民が自転車の利用にシフトすることで、エネルギー、環境、交通の問題が解決できる。そして、毎日自転車で通勤するとジムに通っているようなものなので健康になる。市民が健康になると、自治体の社会保障支出が削減され、削減分を教育やスマートシティなどの予算に振り分けることができる。また自転車スーパーハイウェイ、グリーンウェーブなどの取り組みは、ＩＴＳ（高度道路交通システム）向けの次世代モビリティの実践例となり、特にＩｏＴ（Internet of Things、モノのインターネット）と結びつくことで世界中の最先端技術をデンマークで展開することができるようになる。するとスマートシティ先進国として内外に知られるようになり、ますます海外からの投資が促進される。

また市民にとっては、自転車通勤で健康になった父親は、子供と運動をしたり、家事を行うようになる。もともと共働きの家庭が多いので、父親が健康で家族との生活を主体的に行うことで家族仲も円満になり、家庭内の幸福度が高まる。

このように自転車＝移動手段という単純な発想ではなく、自転車を多面的にしたたかに利用する包括的なアプローチこそ、デンマークの政策デザインの特徴でもある。

4　複合的な価値を生むパブリックデザイン

❖良いパブリックデザインとは

心地よいパブリックデザインとはどのようなものだろうか。デンマークの世界的都市デザイナーであり建築家のヤン・ゲールは、「良いパブリックデザインは、魅力的な都市をつくりだす。魅力的な都市とは子供たちと高齢者がストリートに見られることだ」と述べている（インタビュー「都市の魅力を構成する要素とはなにか?」より）。デンマークでは街の中心部でも普通にベビーカーを見るし、子供が公園で遊んだりベンチで両親と腰掛けて楽しそうに話をしていたりする。

２００９年に「世界で一番素晴らしい都市になる」と宣言したコペンハーゲンのパブリックデザインが優れている要因の一つは、もう50年も前から人間中心のまちづくりを推し進め、自転車道を整備し、パブリックスペースから自動車や駐車場を減らして、市民に開放してきたことだ。

もう一つの要因は、市が２０２５年に世界で初めてのカーボンニュートラル首都になると宣言したことを、政治家や行政の公約と考えるのではなく、市民１人１人が日常生活の中で目標達成に向けて取り組み、街の未来をつくろうとしていることだ。

つまり、パブリックデザインとは快適性を追求することだけでなく、都市の課題を解決したり、未来のイノベーションを実現するためのデザインでもある。人間中心にデザインされたデンマークのパブリックデザインの中から、先進的な事例を紹介する。

❖アマー資源センター：廃棄物施設を都心のスポーツリゾートへ

世界的な建築家であるビャルケ・インゲルスが率いるＢＩＧ（ビャルケ・インゲルス・グループ）が手がけ２０１７年３月にオープンした廃棄物発電施設「アマー資源センター（Amager Resource Center）」はデンマークのパブリックデザインを象徴する公共建築だ。（４頁上写真）

一般的に、廃棄物関連施設はＮＩＭＢＹ（ニンビー、Not In My Back Yard）と呼ばれ、「施設が必要なことは理解できるが、自分たちの裏庭には建てないでほしい」という、いわゆる迷惑施設と呼ばれるものである。日本でもこれらの施設は埋め立て地など居住地とは離れた場所に設置されている。

ところが、ＢＩＧは従来の常識にとらわれず、アマー資源センターをコペンハーゲンの新しい丘（CopenHill）として位置づけ、まったく新しい価値をもたらした。この施設の屋上には斜面４５０ｍの人工スキーコースが設けられ、夏はトレッキングを楽しみ、頂上ではコペンハーゲンの眺望を楽しみながら小さなカフェで寛げるようになる予定だ（スキースロープは２０１９年10月にオープンした）。また世界で最も高いロッククライミングウォールも備えられている。隣の敷地にはセーリングや子供向けのゴーカート施設も併設され、都心のスポーツリゾートセンターのようになる予定だ。つまり、ＮＩＭＢＹどころか市民が休日にこの施設に集まるように設計されている。

そして、ＣＨＰ（熱電併給）廃棄物発電は、コペンハーゲンのＣＰＨ２０２５気候プラン（５章参照）を支える重要な機能の一つであり、コペンハーゲン市で年間扱う約40万トンの固形廃棄物

アマー資源センター。屋上から伸びるスキースロープ
（上写真 ©Astrid Maria Rasmussen / Copenhagen Media Center）

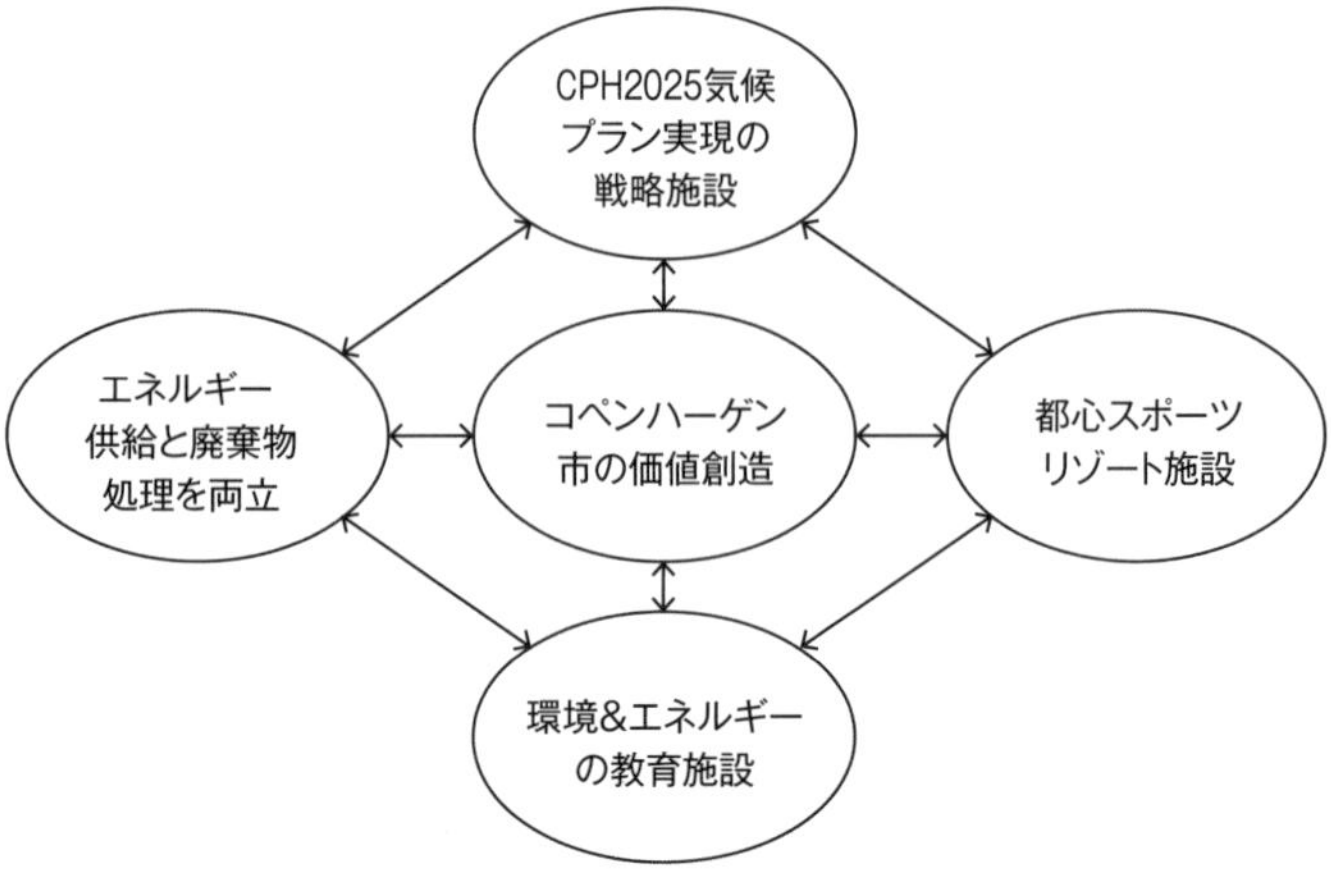

図５　アマー資源センターのパブリックデザイン

を燃やすことができる。０〜63ＭＷまでの発電能力により６万2500世帯に電気を、157〜247ＭＷの地域熱供給能力で16万世帯に熱を供給可能となっている。エネルギー効率は90％以上で世界で最もクリーンな焼却施設である。

さらに、施設の煙突は排ガスだけではなく、大きなリング状の煙（実際は水蒸気）が排出され、夜になるとレーザーで煙が明るく浮かび上がる。この煙突から出されるリング状の煙一つで、１トンの二酸化炭素の量を表しており、市民に１トンの二酸化炭素量とはどの程度のものかを考えてもらうきっかけにしようとしている。さらに内部は見学できるようになっており、市民の環境知性の育成にも一役買っている。

つまり、アマー資源センターは、廃棄物発電による電力と熱供給施設×都心リゾート施設×教育施設ということになる。

❖ハーバーバス：水質を改善した、都心の海のプール

コペンハーゲンの夏の人気スポットは、イスラン・ブリゲにある市民プール「ハーバーバス(Habour Bath)」だろう（5頁上写真）。コペンハーゲン港内の海の中にあるプールで短い夏を思いきり楽しむ人々の光景は夏の風物詩にもなっている。

ところで、このイスラン・ブリゲはコペンハーゲン中央駅からわずか1㎞程度の距離に位置しており、さながら都心リゾートのような施設である。東京だとちょうど茅場町の先にある隅田川沿いのプールといったイメージだ。

コペンハーゲンの海は20年前には水質汚染がひどく、とても市民が泳げる状態ではなかった。高度成長期の日本と同様、長年下水や工業用排水が海に流され、ヘドロが溜まり、藻類、油濁、工場廃棄物によってひどく汚染されていた。しかし、コペンハーゲン市による長年の努力によって、排水処理プラントの拡大と下水道の近代化、栄養塩の除去、重金属の流入を最小限にすることで、水質が大幅に改善された。加えて、降雨に伴う汚水が港に流れ込まないように水路の整備と貯水槽を設置し、豪雨時に水質が悪化した時のみハーバーバスを閉鎖するシステムに切り替えることができるようになった。

このハーバーバスもＢＩＧが設計を手がけている。一見すると奇抜なデザインが印象的だが、そこには緻密な計算に基づいた設計がなされている。デザインには、「連続性」「安全性」「アクセ

ハーバーバス

ス性」「特別な景観」の四つのポイントがある。

連続性は、埠頭のエッジから港の海水まで連続して見えるように設計することで、利用者はプールという区切られたスペースに入るのではなく、海に直接入水する特別な体験を得られる。

安全性は、各プールの外枠角度が中央のライフガードの位置から一目で確認できるようにライフガードの視野に合わせて決められている。このプールは最大で600名が利用できる。しかし無料で運営されているため、複数のライフガードを配置することはできない。運営経費と安全性のバランスを考えた設計になっているのだ。

アクセス性は、障がい者を含めたすべての市民が楽しめるように配慮されている。たとえ車椅子であっても奥のプールサイドまで行ける。親が障がい者でも子供はプールで遊べ、子供が障がい者でも親子でプールサイドで楽しむことができる。

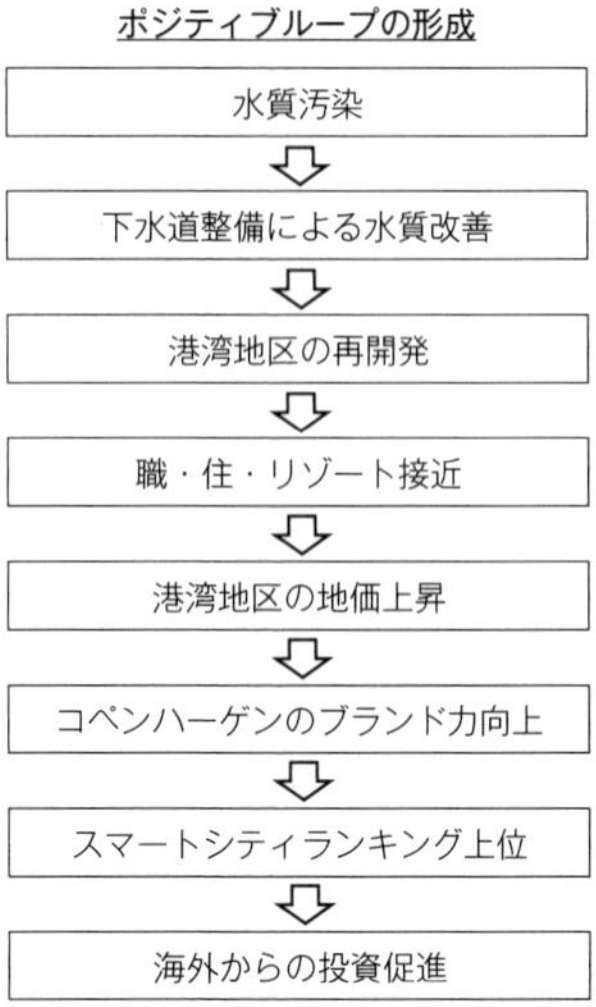

図6　ハーバーバスのパブリックデザイン

最後の景観については、ビーチに行った時の感動を少しでも都会の中で体感できるような設計になっている。海に行くと潮風、浜の香り、開放感、ラグーン、波など五感で感じるものがある。都会の中にあるプールでも、ビーチにいる感覚を感じられるよう、ウッドデッキ、埠頭、ボートなどを象徴的に設置することで、都会リゾートとしての特別感を演出している。

❖スーパーキーレン：多様な住民の交流を育む公園

スーパーキーレン（Superkilen）は、コペンハーゲン中心部の北に位置するノアブロ地区に2012年につくられた公園で、総面積約3万㎡、縦に750mの細長い施設である（5頁下写真）。公園は三つの区画に分かれており、赤の広場（スポーツとアクティビティのエリア）、黒の広場（交流のエリア）、緑の広場（住民の庭のエリア）となっている。地面が赤、黒、緑に色分けされ、広場の特徴が誰でも一目でわかるようになっている。

北欧は移民を積極的に受け入れてきた経緯があり、コペンハーゲンでもアジア系を含めて多国籍化が進んでいる。公園があるノアブロ地区には安い集合住宅があった関係で、多くの外国人が移り住んでいた。このように国籍が異なる住民が多く集まるこの地区は、住民間のコミュニケーション不足、生活様式の違いから起きる些細なトラブルや犯罪が多発するようになった。将来スラム化するリスクを抱えたこの地区の改善は、コペンハーゲン市にとって課題となっていた。

そこで、コペンハーゲン市は同地区にあった国鉄の車庫跡地を公園につくり変えることを決め、競争入札を実施した。その結果、ＢＩＧとアーティストユニットのスーパーフレックス、都市デザイン事務所のトポテック1が選出された。

スーパーキーレン。上：黒の広場、下左：赤の広場、下右：緑の広場

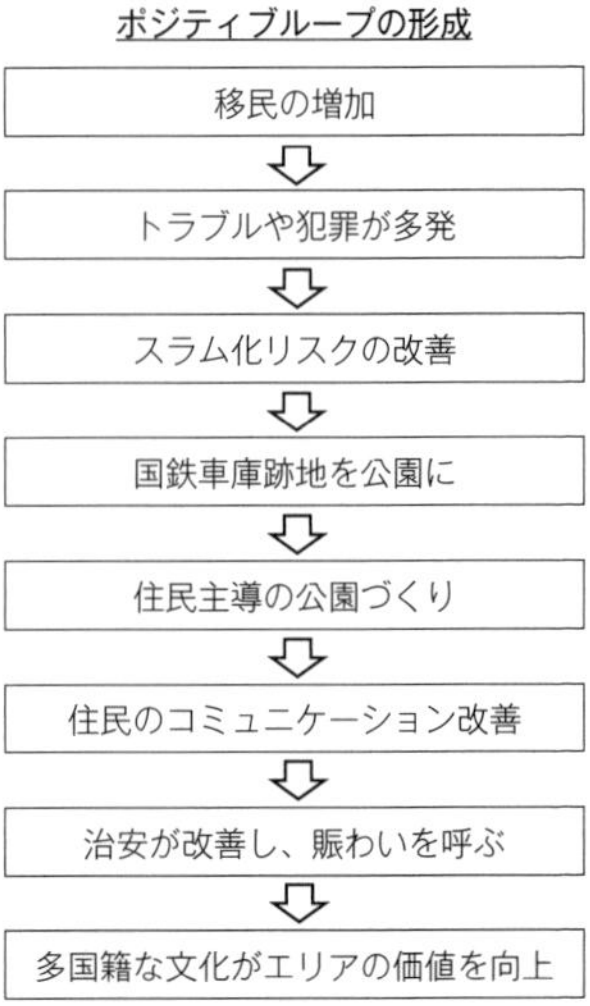

図7　スーパーキーレンのパブリックデザイン

彼らが取り組んだのは、住民と徹底的に話しあい、住民主導で公園のアイデアをつくりあげることだった。住民との議論を通じて採用されたのは、多国籍の住民の多様性を尊重しながらも住民同士のコミュニケーションを改善し、ノアブロに新しい価値を創出することであった。その方法として、約60カ国に及ぶ住民の出身国の遊具、照明、ベンチなどの設備を集めることで、自分の故郷の記憶を辿ると同時に、他国出身の住民の文化に触れて自然と彼らとコミュニケーションがとれるようにするというアプローチをとった。

コペンハーゲンに世界の遊具を集めた公園ができたとの評判はすぐに広まり、休日になると地元住民に加え他の自治体からも親子連れが訪れるようになった。そして、この地区に人が集まることで、新しいカフェ、レストランもオープンして人気のホットスポットとなり、治安も改善されるなど当初の目的を達成しただけでなく、新たな地域再生の成功事例として注目を集めることとなった。

このプロジェクトでは、住民間のコミュニケーションの改善＋治安の改善＋ノアブロ地区の価値創出など、複合的な成果を生みだすことに成功している。

3章

市民がつくるオープンガバナンス

1　市民が積極的に政治に参加する北欧型民主主義

❖コンセンサス社会が実現する民主主義

イギリスのエコノミスト社の調査部門であるエコノミスト・インテリジェンス・ユニットが2006年から民主主義指数なるものを発表している。それによると、2018年にデンマークは5位にランキングされている（表1）。ちなみに、1位からノルウェー、アイスランド、スウェーデン、ニュージーランドと続き、「完全な民主主義の国」として評価されている。日本は22位であり、残念ながら「欠陥のある民主主義の国」という評価だ。

デンマークを含む上位国と日本の差はどこにあるのだろうか。評価の詳細を見ると、「選挙プロセスと多元性」「政治的な参画」で大きな差がついている。特に市民の積極的な政治参加については、私たち日本人にはなかなか理解できないかもしれない。

1	ノルウェー
2	アイスランド
3	スウェーデン
4	ニュージーランド
5	デンマーク
6	カナダ
6	アイルランド
8	フィンランド
9	オーストラリア
10	スイス

表1　世界の民主主義指数ランキング（2018年）（出典：Economist Intelligence Unit）

日本では、ビジネスの打ちあわせや会食中に政治や宗教の話題は避けられるが、デンマーク人は普通に政治の話をし、選挙が近づくとデンマーク人同士でかなり踏み込んだ議論を行う。自国の選挙だけでなく、海外の選挙、たとえばアメリカ大統領選挙も相当子細に分析して意見を交換する。日本の選挙についても、どこの政党が多数議席を占める可能性があるのかだとか、各政党の政策についてどう考えるかなど、細かいことを聞かれることもあるので、デンマーク人と関わる時は日本の政治についても一通りのことは語れないといけない。

また、デンマークの政治は「コンセンサス（合意）の政治」とも言われ、市民は国家から一方的に決めつけられるのではなく、1人1人が議論を通して政策の策定プロセスに積極的に関わることを望んでいる。これは、「北欧型民主主義」あるいは「草の根民主主義」とも呼ばれるが、ボトムアップの市民運動が根づいていることの表れでもあり、コンセンサスがあるが故に政治への積極的な参画が実現されているとも言える。

❖デンマークの民主主義の歴史

デンマーク人が政治に関心を持ち、手間のかかるコンセンサスづくりを行う背景には、この国の民主主義の歴史と教育が関係している。

デンマークは1849年に絶対君主制度が廃止され、現在のデンマーク王国憲法が制定された。

市民が王政に終止符を打ち、民主主義を勝ち取ったという経緯があり、これがデンマークの民主主義の基盤となっている。デンマークの憲法は世界でも5番目に古い憲法であり、憲法を土台として、長い歴史を経てデンマークでは民主的に物事を決めるしくみが浸透してきた。

もちろん、簡単に現在の姿になったわけではなく、自由と権利を獲得するために紆余曲折はあったが、最終的に「情報をもとに自分で分析し、公平に準備された政策決定プロセスに参加し、自ら決断する。そして自己責任の原則で最終的な結果を受け入れる」という、デンマーク型の民主主義が社会に根づくこととなった。

❖高い税負担が政治参加を促す

もう一つ、デンマーク人が積極的に政治に参画する現実的な背景として、税負担率が高いこともある。日本の財務省の国民負担率の国際比較では、デンマークの2016年の税負担率は65・1%(日本は25・1%)である。社会保障の国とはいえ、収入の6割強が税金で徴収されるため、自分たちの税金が公平公正に使われるために国民が政治を厳しくチェックするのも理解できる。

それは選挙の投票率にも表れている。デンマークの国政選挙の投票率は国民投票を除き80%以上と非常に高い。2019年6月に行われたデンマーク議会総選挙では84・5%の投票率であった。一方、日本で2019年7月に実施された第25回参議院議員通常選挙の投票率は48・8%であり、全国規模の国政選挙としては過去最低であった1995年の参院選（44・5％）に次ぐ低投票率だった。このように、日本とデンマークとの間には大きなギャップがある。

❖コンセンサスを育む教育

北欧型民主主義を特徴づけ「コンセンサス社会」を生みだす背景として、子供の教育も大きな役割を担っている。デンマークでは日本の小学校、中学校に相当する基礎教育が0〜10学年まであり、基礎学力をつけるだけでなく、自立した人間をつくるために自分の考えを言葉で表現し討論する授業や、異なる考え方や意見を尊重し、トラブルを解決しながらコミュニケーション力を伸ばす授業もある。そして言葉、文化、地域の異なるバックグラウンドを持つ生徒たちの多様な意見をまとめて自分たちなりの合意、つまりコンセンサスをつくりあげることに力を入れている。

そのため学校には、意見交換や議論を行える場所が至るところに備えられている。デンマークの学校校舎は吹き抜けがあり開放的であるだけでなく、ちょっとしたスペースに椅子やテーブルが置いてあり、簡単に議論ができるようになっている。それだけコンセンサスを重視した教育が行われているということだ。

友人のデンマーク人によると、デンマークでは選挙が近づくと憂鬱になる家庭があるらしい。デンマークでは子供が中学生になると、自分の意見を持ち、社会のしくみも理解して一筋縄ではいかなくなることから、「子供がモンスターになった」と言われたりする。そして選挙が近くと、そのモンスター化した子供が社会の授業で、政治家の過去のマニフェストや選挙公約をどれだけ実現できたか調べたりする。そして、次期選挙の公約を政党ごとに表でまとめ比較検討して、自分たちの地域をどのようにしたいかについて議論をする。当然、子供たちは親に自分たちの意見を伝え、親の意見を求める。その時に子供の意見に対してどう考えるのかを回答できないと、親の権威が失墜してしまう。親は、仕事や家事が終わった夜、子供が授業で行ったように政治家の経歴、実績、政治信条を調べ、マニフェストを確認し、政治家としての実行能力なども確かめて、子供と同じ目線で議論できるように準備しなければならない。ある日、友人の目が赤いのでどうしたのかと聞くと、夜中に政党の公約を調べていたので寝不足だと笑っていた。

こうした政治参加は、選挙の投票行動に反映され、より強固な民主主義の基盤がつくられる。

2　市民生活に溶け込む電子政府

❖デジタル国家のトップランナー

ＥＵはデジタル化について毎年、「デジタル経済と社会指数（ＤＥＳＩ）」という調査を行っており、デンマークは2014～18年、5年連続で1位になった（表2）。2018年のランキングで2位以下はスウェーデン、フィンランド、オランダ、ルクセンブルクが続き、北欧諸国が上位を占めている。あまり知られていないが、デンマークはEU加盟国の中でデジタル国家のトップランナーなのである。

「デジタル経済と社会指数」は、五つの評価項目でEU加盟国のデジタル化をランキングしている。「ブロードバンドの接続性」「デジタルスキルを含めた人的資本」「インターネットサービスの利活用」「デジタル技術の統合」「デジタル公共サービス」である。

デンマークのデジタル化で最も特徴的なのは、「デジタル技術の統合」の点で他国より秀でている点である。つまり、政府の公共サービスが電子化されているだけでなく、デジタル技術の統合により、都市を構成しているエネルギー、交通、農業、医療、福祉、教育に至るまでが、進展度合いに違いはあるにせよ、基本的に統合されたデジタル化が展開されているのである（図1、2）。

1	デンマーク
2	スウェーデン
3	フィンランド
4	オランダ
5	ルクセンブルク
6	アイルランド
7	イギリス
8	ベルギー
9	エストニア
10	スペイン

表2　欧州のデジタル経済と社会指数ランキング（2018年）（出典：European Commission Digital Economy and Society Index 2017）

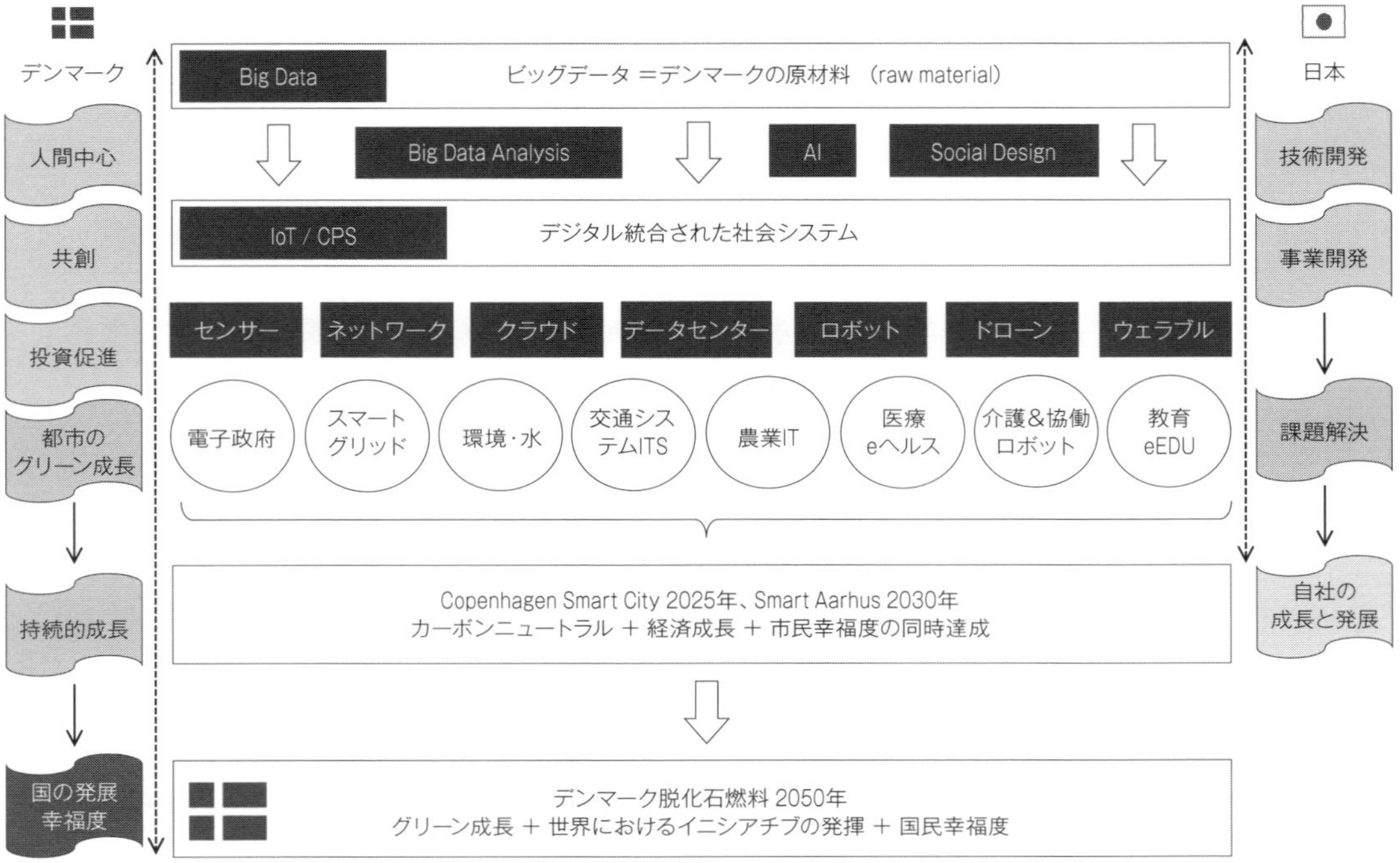

図1 デジタル・デンマークの全体構想

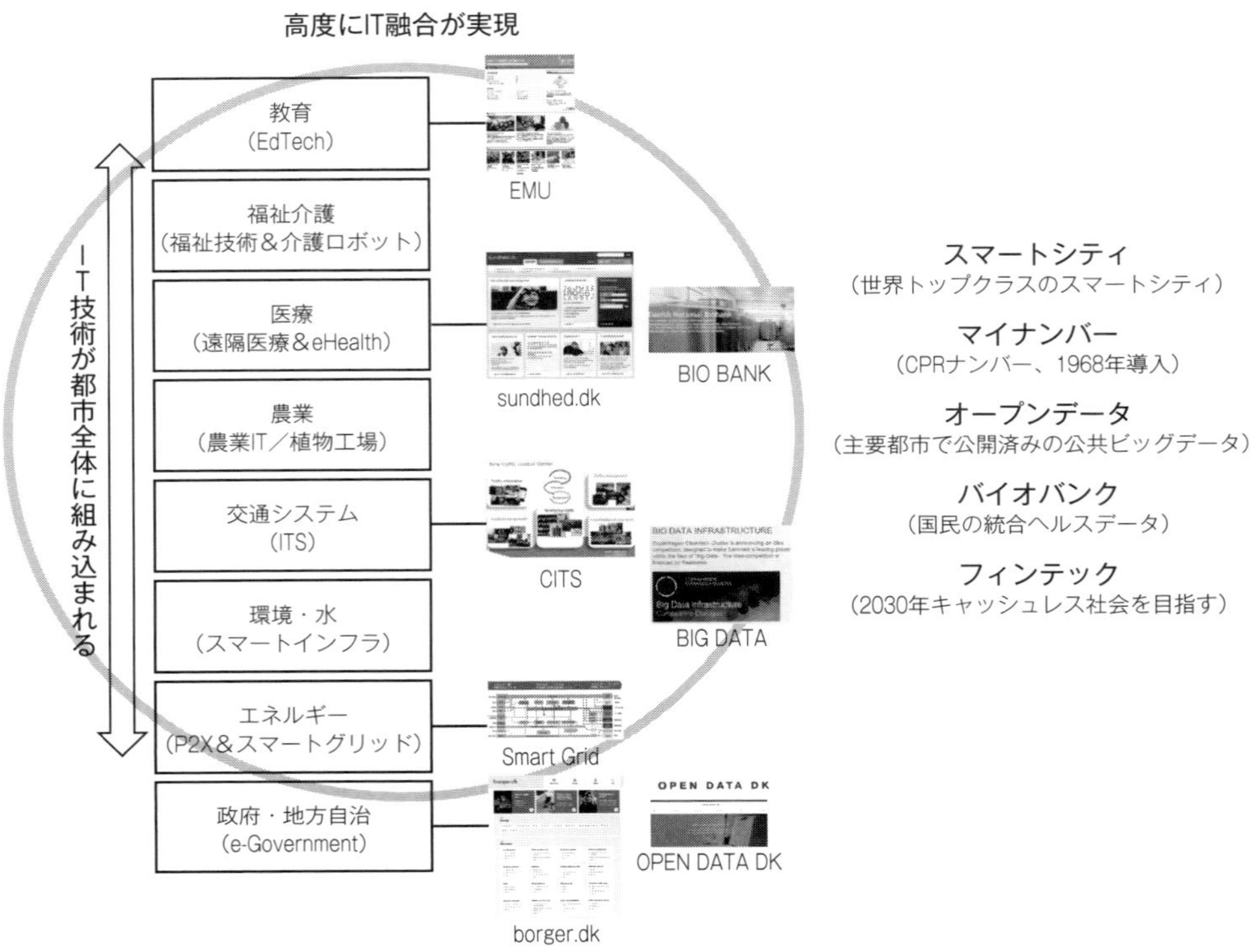

図2　高度にデジタル統合された社会インフラ

❖質の高い社会サービスを実現するデジタル化

なぜデンマークがデジタル技術の統合に優れているかは、デンマークの社会制度とデジタル化に関する歴史と政策を見る必要がある。デンマークは1910年代から福祉国家として制度の充実を図ってきた。1950年代の黄金期を経て、1990年以降はフレキシキュリティなど積極的な労働市場政策に基づく福祉国家の再編を行ってきた。そして、グローバル化、高齢化に伴う労働人口の減少に対応し、福祉サービスの水準を維持するためにさまざまな改革を行ってきた。1990年代からインターネットの普及に伴い、デジタル技術の積極的な利用により労働者不足に伴う公的機関の効率性向上とサービス水準の高度化を同時に行うことが検討されてきた。

ここで、欧州の電子国家として世界から注目を集めているエストニアとデンマークを比較してみたい。エストニアは北欧バルト3国の一つで、デンマークと同様にEU加盟国である。エストニアは主に電子政府や仮想通貨エストコインで先進的な取り組みを行っているが、小国（人口約130万人）である点がデンマークと共通している。

エストニアは1991年にソ連から独立したとはいえ、常にロシアからの侵略の脅威にさらされており、国家基盤を電子化することで、たとえ国家が他国に占領されたとしても、電子国家として存続できるように戦略的にデジタル化に取り組んできた歴史がある。

デンマークは社会保障先進国としての社会基盤を維持するために、エストニアは国家そのものの持続可能性を実現するためにデジタル化を強化していることは興味深い。おそらく将来は両国のデジタルモデルを統合した国家システムがスタンダードになるのではないだろうか。

❖市民生活に溶け込む電子政府

ところで、デンマークでも短期間で現在のようにデジタル化が進んだわけではなく、２００１年から中央政府、広域自治体（レギオン、region）、基礎自治体（コムーネ、kommune）との連携や複数のデジタル化戦略を経て進められてきた経緯がある（図３）。

まず、２０００年初頭の電子署名の導入により、市民は公的機関と電子メールでやりとりができるようになった。その後、税金還付や年金受給のための公共決済口座であるNemKontoが開始され、同時期には先進的な医療ポータルであるsundhed.dk、そして市民に電子政府の利便性を提供する市民ポータルのborger.dkが２００７年にサービス提供を開始した。そして現在は、スマートフォンなどモバイル端末の普及によって２００７年に導入されたNemID（新電子署名）に代わる、電子政府の新アクセスＩＤの導入を進めている。

デンマークの市民生活に電子政府が溶け込み、広く利用されるに至った鍵は、やはり医療ポータルsundhed.dkと市民ポータルborger.dkの展開だろう。

医療ポータルsundhed.dkは、市民に過去の検査、通院、入院、投薬履歴などの医療情報を提供

2007年	2011年
共通インフラ	デジタルコミュニケーション
NemID（新電子署名） 電子政府、インターネットバンクなどのログイン・ソリューション **Digital Post（電子私書箱）** 公的機関からの通知、コミュニケーション **borger.dk** 市民向けのデジタル公共サービス用のポータル	**NemID（新電子署名）** 個人、民間事業者とも電子私書箱利用の義務化 **オンラインセルフサービス** 個人、民間事業者のオンラインセルフサービスの義務化 **デジタル福祉サービスの普及** **基本データプログラム**
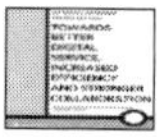 2007―2010 **電子政府戦略**	 2011―2015 **デジタル福祉戦略**
デジタルサービスを　展開するための基本デジタルインフラの構築	デジタルインフラの機能強化と高度化

し、医療従事者と患者が対等な立場で連携して病気の治療に当たるために開発された（図4）。患者は、それまで医療従事者にしか開示されていなかった自身の病歴データを閲覧でき、主体的に治療や予防に取り組めるようになり、医療従事者にとっては、一元的に管理された患者データにアクセスできることで、無駄な検査をなくしたり、過去の病歴から正確な治療を施せるなど、患者、医療従事者双方にとりメリットのあるシステムになっている。sundhed.dkはデンマークの先進医療システムの事例として、過去にTIME誌などさまざまなメディアで紹介されている。

市民ポータルborger.dkは、2000年代に構築された、官庁ごとに異なる行政システムが市民にとって使いづらく、行政サービスの窓口をセルフサービス型で一本化する目的

	2001年	2004年
テーマ	デジタルによる協業	効率的支払とデジタル処理
主なプロジェクト	**電子署名** 市民は電子メールで公的機関と意思疎通が可能 公的機関によるデジタルコミュニケーションの推進	**NemKonto** 公共決済口座（税金還付、保育補助金、失業保険、年金等の受領口座） **Virk.dk** ビジネス向けデジタル公共サービスポータル **sundhed** 市民、医療従事者向け統合医療ポータル
政府戦略		
戦略の視点	市民、行政機関に対するデジタルの普及啓蒙活動	市民、民間事業者向け行政サービスの基本トランザクションのデジタル化

図3　デンマーク政府のデジタル化戦略の変遷

でつくられた（図5）。このポータルが優れている点は、市民が生活に必要な行政情報のすべてをこのポータルから取得することができ、教育、福祉を含めた多様な申請手続きを行えることだ。また、個人の情報をまとめたマイページでは個人データ、住居・転居、税金、年金、教育などに関する情報をいつでも閲覧することができる。つまり、このborger.dkに自分でアクセスすれば基本的に行政機関の窓口に出向かなくてもほとんどの行政情報を確認し、公的サービスを享受できるしくみになっている。

　こうした電子政府による行政サービスによって、今やデンマーク人は役所の窓口に出向いて公共サービスを受けたり申請するということはほとんどなくなるほど、市民生活にとってなくてはならないものになっている。

図４　医療ポータル sundhed.dk（出典：sundhed.dkホームページ）

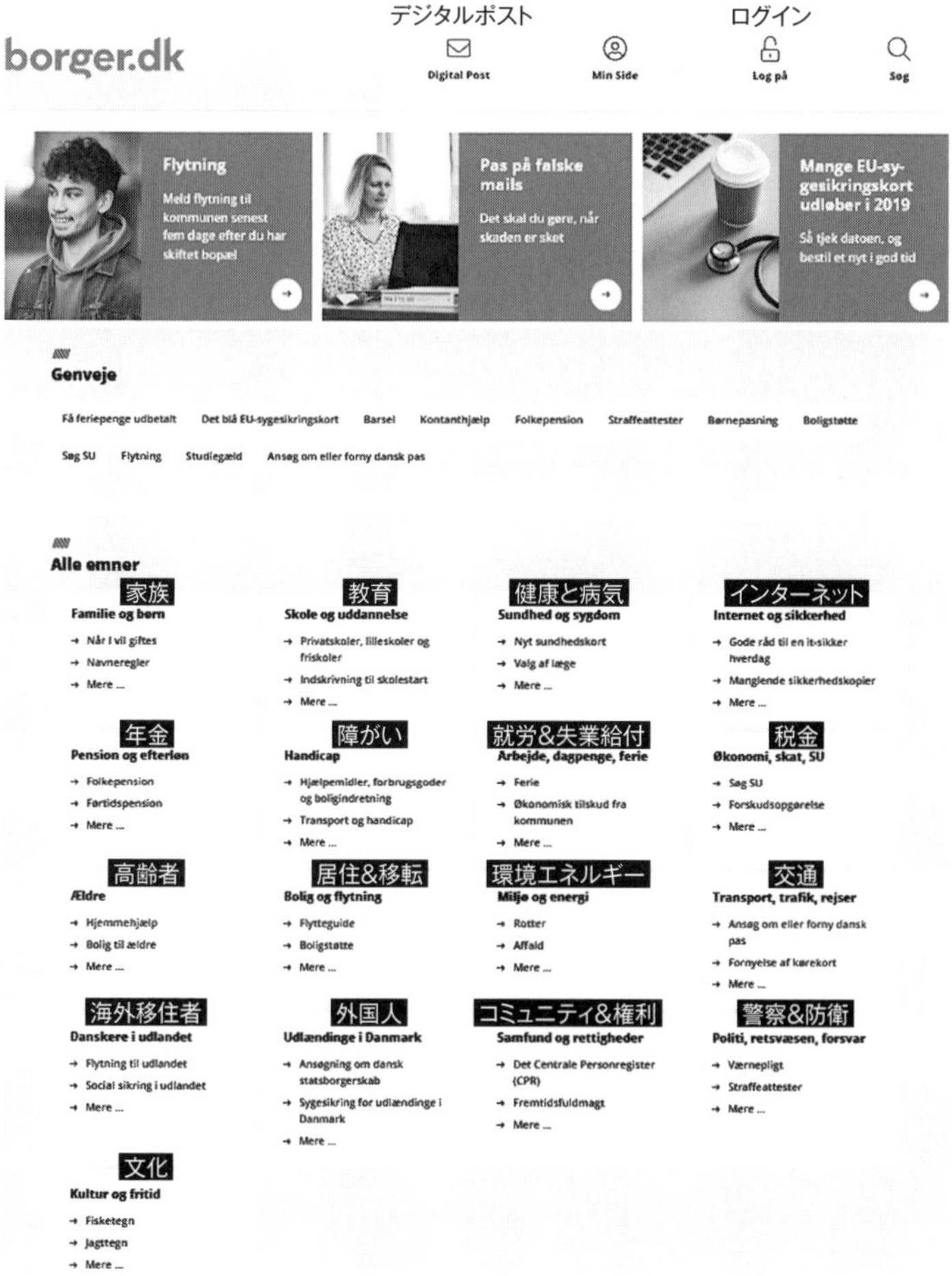

図５　市民ポータル borger.dk（出典：borger.dkホームページ）

3　高度なサービスを実現するオープンガバメント

❖透明性の高い政府の実現

デンマークは「オープンガバメント・パートナーシップ」のメンバーとしてアクションプランを策定している。オープンガバメント・パートナーシップとは、市民と政府の協力のもと、政府の透明性を向上させ、市民参加によりエンパワーメントを図り、新技術とイノベーションを活用してより良い政府をつくることを目的とした多国間イニシアチブである。

デンマークは2018年の世界電子政府進捗度ランキング調査で1位に選ばれた際、「オープンガバメント」でトップとなっている（表3）。政府の透明性に関する取り組みは北欧民主主義の基本でもある。

デンマーク政府は「オープンガバメント・アクションプラン2017―2019」を策定し、四つのテーマで構成されている。

1	デンマーク
2	シンガポール
3	イギリス
4	エストニア
5	アメリカ
6	韓国
7	日本
8	スウェーデン
9	台湾
10	オーストラリア

表3　世界電子政府進捗度ランキング（2018年）（出典：第14回早稲田大学世界電子政府進捗度調査）

・さらなるオープンデータ化と利便性の向上
・市民参加の基盤を確実にする最適化されたデータの整備
・より良い公共部門のための共同作業
・オープン化へのグローバルな取り組み

❖オープンデータ・デンマーク

この中でデンマークらしいのは、オープンデータ化の取り組みである。その中心となっているのが「オープンデータ・デンマーク（Open Data DK）」だ（図6）。

デンマークは社会福祉国家のため、他国では民間企業が提供するサービスを公的機関が担っていることに加えてデジタル化が進展しているので、市民に提供されるサービスに関わるデータが大量に公的機関にビッグデータとして集約されている。また日本で2015年に導入されたマイナンバー（個人番号）は、デンマークでは1968年にCPRナンバーとして導入され、50年以上の実績がある。

オープンデータ・デンマークは、広域自治体や基礎自治体が管理しており、都市開発や社会課題の解決において公的データを自由に活用できる環境を整えることを目的に整備された。

2018年5月に施行された欧州の個人データ保護に関する法律であるGDPR（EU一般デー

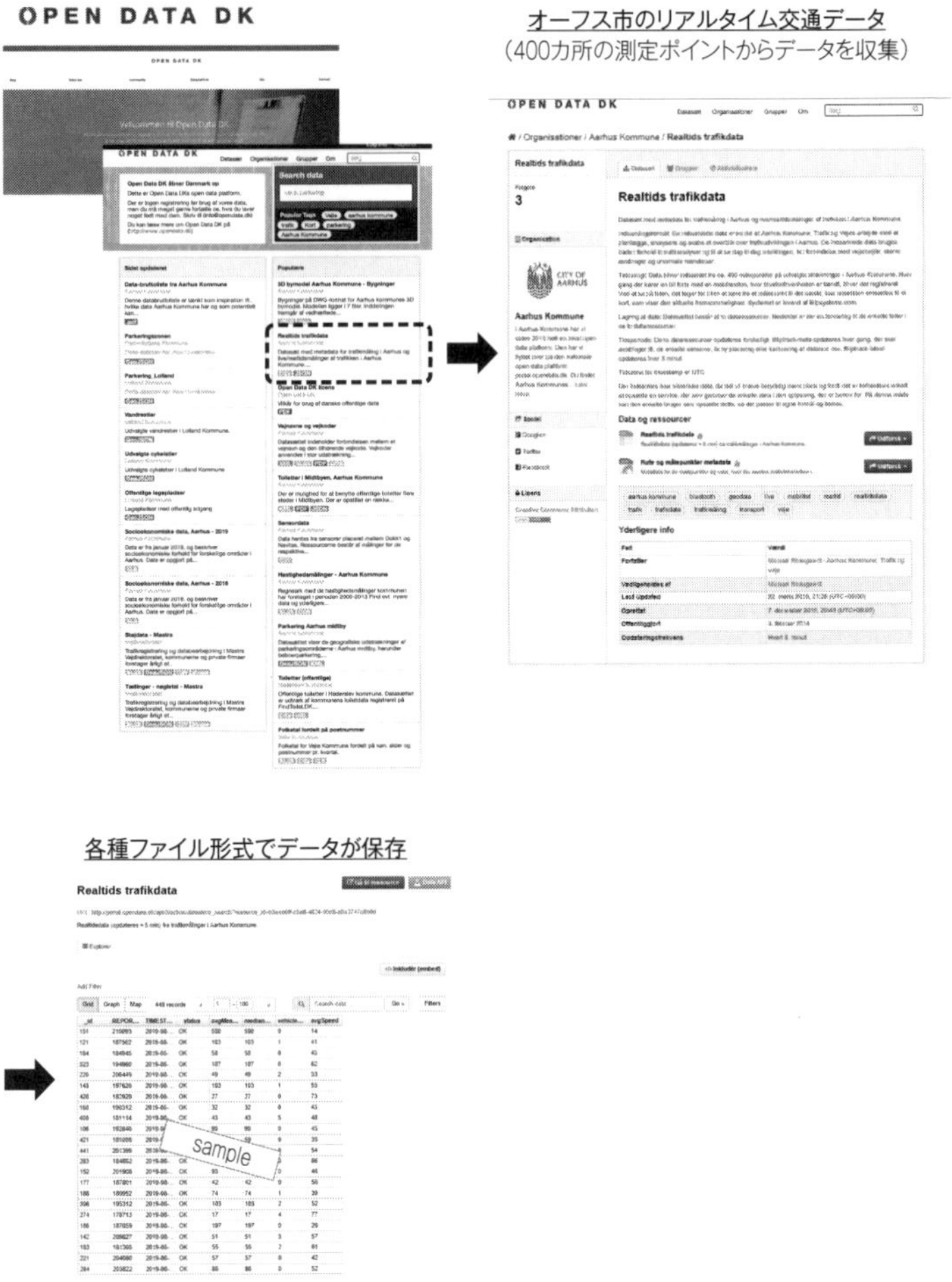

図6　公的データ活用を推進するオープンデータ・デンマーク（出典：opendata.dkホームページ）

タ保護規則）の関係で、デンマークでも公的オープンデータ（ビッグデータ）や市民データの取り扱いは厳しくなっているが、デンマークの場合はオープンデータ・デンマークから公的オープンデータを収集することができる。オープンデータを利用することで、既存の公的サービスを改善したり、新しいサービスの開発を行うことができる。

たとえば、コペンハーゲンで計画されている自転車ＩＴＳ（自転車用の高度道路交通システム）は、その典型的な事例だ。現在はまだ実証段階だが、コペンハーゲンの中心街にあるＨ・Ｃ・アンデルセン道路に敷設されたセンサーから得られる自転車トラフィックを収集・解析することで、自転車道で発生する渋滞を防ぎ、自転車の利用者が最短で目的地に到達できるスマートルート選定システムが開発されている。

実は、このシステムを開発することは意外に難しく、車両数が多く、動きの激しい自転車トラフィックを低コストで効率的にそして正確に捕捉してデータを分析するための優れたセンサーが必要になる。これまでコペンハーゲン市はプロジェクトの技術パートナーを探していたが、なかなか良い解決策が見つからなかった。

そこで、筆者が所属するデンマーク外務省投資局で京都の村田製作所を紹介し、実証を行うことになった。２０１９年10月に実証が完了し、いったんセンサーは撤去されたが、現在社会実装に向けた入札の可能性が議論されており、将来日本の技術による自転車ＩＴＳシステムの導入が期待される。

❖遠隔医療でのオープンデータの活用

さらに、遠隔医療も、オープンデータの活用が期待されているプロジェクトである。デンマークではEUと連携する形で遠隔医療の実証実験を続けてきた。背景として、市民とその家族が主体的に治療に関わりたいとの要望が強まっていること、今後高齢化が進むなかで高齢者の治療と慢性疾患患者の増加が見込まれており、医療コストが増加すると予想されていることがある。

そこで、限られた財源で医療サービスの質を高めるための手段として遠隔医療が期待されていた。特に遠隔医療で効果が見込まれているのが妊婦の合併症対応とCOPD（慢性閉塞性肺疾患）の治療だ。妊婦が合併症で通院する代わりに自宅で遠隔診断ができれば合併症のリスクを軽減して心身ともに負担を軽くすることができる。COPDは慢性の気管支炎や肺気腫などの病気の総称で、主に煙草の煙が原因となり気管支や肺に障害が起きて呼吸がしにくくなる病気だ。デンマークは人口密度が低く、地域の病院数も限られているため、患者が簡単に病院に出向くことができない。COPDは慢性疾患で治療が長期間続くため、もし治療が在宅で行えると患者の負担は大幅に軽減される。

また、デンマークの病院の大半は公的機関が運営しているので、遠隔医療により通院患者が減ることで、病院の効率が上がり、より重症患者や緊急の患者に対応することができるようになる。

さらに、デンマークでは現在、五つの広域自治体（レギオン）に五つの国立スーパー病院をつくる構想が進めてられており、この国立スーパー病院にも遠隔医療がシステムとして組み込まれている。

この遠隔医療は実証実験を経てサービスの検証を行った結果、医療サービスとしての品質、安全性、経済性ともに十分運用可能と結論づけられ、今後正式に公的サービスとして導入される予定となっている。

このようにデンマークのオープンガバメントの取り組みは、オープンデータ一つとってみても、単にデータの開示による公共サービスの透明性の確保だけでなく、市民生活を向上させるサービスの開発と実社会への導入という観点が含まれていることが特徴だ。

4 サムソ島の住民によるガバナンス

再生可能エネルギー100％の島として知られるサムソ島は、首都コペンハーゲンがあるシェラン島の西に位置しており、面積約114㎢、人口約3700人（2018年）と、北海道の奥尻島（面積約142㎢、人口約2700人、2018年）くらいの小さな島だ。産業は農業が中心で、イチゴやジャガイモ、チーズの産地として知られている。自然が美しい島には夏に多くの観光客が訪れるが、現在は世界から自治体のエネルギー担当者、エネルギー企業などの関係者の視察が増え、さながら再生可能エネルギーのショーケースのようになっている。最近は、こうした視察やエネルギープロジェクトに関係した雇用創出で地域活性化に大きく貢献していると聞く。

1997年に、2008年までに再生可能エネルギーで100%エネルギーを賄う地域を選定する、環境省主催のコンペティションでサムソ島のプロジェクトが採択された。実際には2007年に再生可能エネルギー100%の島を宣言し、電力需要の100%を11基の陸上風力発電で、熱需要の70%を再生可能燃料で供給することに成功した。

島内2千世帯のうち半分を占める石油ボイラーが、太陽熱発電、ヒートポンプに置き換えられた。また南岸にある10基の洋上風力発電は、島とシェラン島を結ぶ3隻のフェリー、島内の自動車や農業機器向けのガソリンやディーゼル燃料を相殺することができるエネルギーを産出し、その結果、再生可能エネルギーでカーボンニュートラルの島となっている。

サムソ島の成功の要因は、地域の共創の理念と、住民を導いたサムソ・エネルギー・アカデミー代表であるソーレン・ハーマーセンを中心とした創造的リーダーシップにある。彼らは地域社会、特に住民の参画に力を入れ、風力発電の技術などがわからない住民の理解を得るために、説明会やワークショップを何年にもわたって実施し、住民の意向に沿った開発計画を策定した。

最近では、サムソ島が再生可能エネルギー100%の島であることより、いかに異なる考え方を有する住民をまとめて一つの方向性に導くことができたのかに関心を持つ視察者が増えている。

新しい取り組みを行おうとすれば、既得権益者との衝突が起こり、プロジェクトが停滞してしまう。サムソ島も同じことを経験している。ハーマーセンによると、サムソ島を再生可能エネルギー100%の島にすると決めた後でも、すべての住民が賛同してくれたわけではなかった。当初は、

再生可能エネルギー100％のサムソ島

大きな風力発電機を農地に設営すると美しい景観が壊れてしまわないか、売電がうまくいかなかった場合にローンの支払いに窮するのではないか、自宅の近くに設置されると低周波により体調に異変をもたらすのではないか、バードストライクで野鳥の生態系に悪影響を与えるのではないか、そもそも環境省のコンペティションに参加したことは間違いだったのではないか、などの意見が島民から多く出された。

ハーマーセンは住民の不安を取り除き、消極的な姿勢であった村の人々に前向きに取り組んでもらうために、3年かけて一軒一軒を回り会話をしながら問題を話しあうことで、少しずつ島民の理解を得られるようになった。そして2007年にカーボンニュートラルで再生可能エネルギー100％の島を達成した後も、新たな目標である2030年までに脱化石燃料を目指す「サムソ2・0」を策定し、将来は循環型社会を目指すことがコモンセンスとなる「サムソ3・0」を掲げている。

こうした住民によるガバナンスのプロセスや方法論は多くの成功・失敗から培われた。それらを住民間で共有し、世代が変わっ

サムソ・エネルギー・アカデミー
代表ソーレン・ハーマーセン

ても伝承して応用できるようにすることを目指した。さらに彼らが培った経験、ノウハウを体系化してデンマークだけでなく他国の地域コミュニティが同じ課題に直面した時のヒントになるように「パイオニアガイド」としてまとめあげた。「パイオニアガイド」は地域コミュニティが新しいシステムを導入する際の構造化されたアプローチ方法であり、サムソ島のホームページで開示し、必要に応じて出張し、セミナーの開催なども行っている。

現在サムソ島では、次の目標である「サムソ3・0」を達成するために、このパイオニアガイドを活用している。異なる考え方や属性の人たちが意見の違いを乗り越えて、地域発展のために協力しあい、目標を実現するアプローチである。

ハーマーセンが以前、次のように語ってくれた。「Think globally, act locally（地球規模で考え、地域で活動する）」ではなく、これからは「Think locally, act locally（地域単位で考え、地域で活動する）」が重要だと。なぜなら、地域の発展が各地で起これば、それがグローバルの発展につながるが、グローバルな発展が各地域の発展につながることは難しいからだと。

4章

クリエイティブ産業のエコシステム

1　デンマーク企業の特徴

デンマークのクリエイティブ産業の特徴は、重厚長大からソフトウェアまで幅広い領域で展開されていることである。たとえば風力発電のベスタス社（Vestas）、インシュリン製剤のノボノルディスク社（Novo Nordisk）、レゴブロックで有名なレゴ社（ＬＥＧＯ）、協働ロボットのユニバーサルロボット社（Universal Robots）などは、業界の中ではメジャー企業として認知されている。そして単にデンマーク国内で大手であるだけでなく、世界市場でも高いマーケットシェアを有している。

北欧の小国から、どうして世界的に活躍できる企業が生まれるのか不思議に思うかもしれないが、資源が少ない小国であるところにその秘訣が隠されている。

デンマークの企業は規模が小さく、ほとんどの企業は日本でいう小企業である。デンマーク人の感覚からすると、社員数が１００名を超えると、ある程度成功した中堅企業というイメージがある。

以前、デンマークの事業家と企業規模について話をした際、30万人を超える連結従業員数を抱えるトヨタ自動車や日立製作所は、デンマークではほとんど主要自治体と同じ規模なので、どのようにガバナンスしているのか想像もつかないと驚いていた。

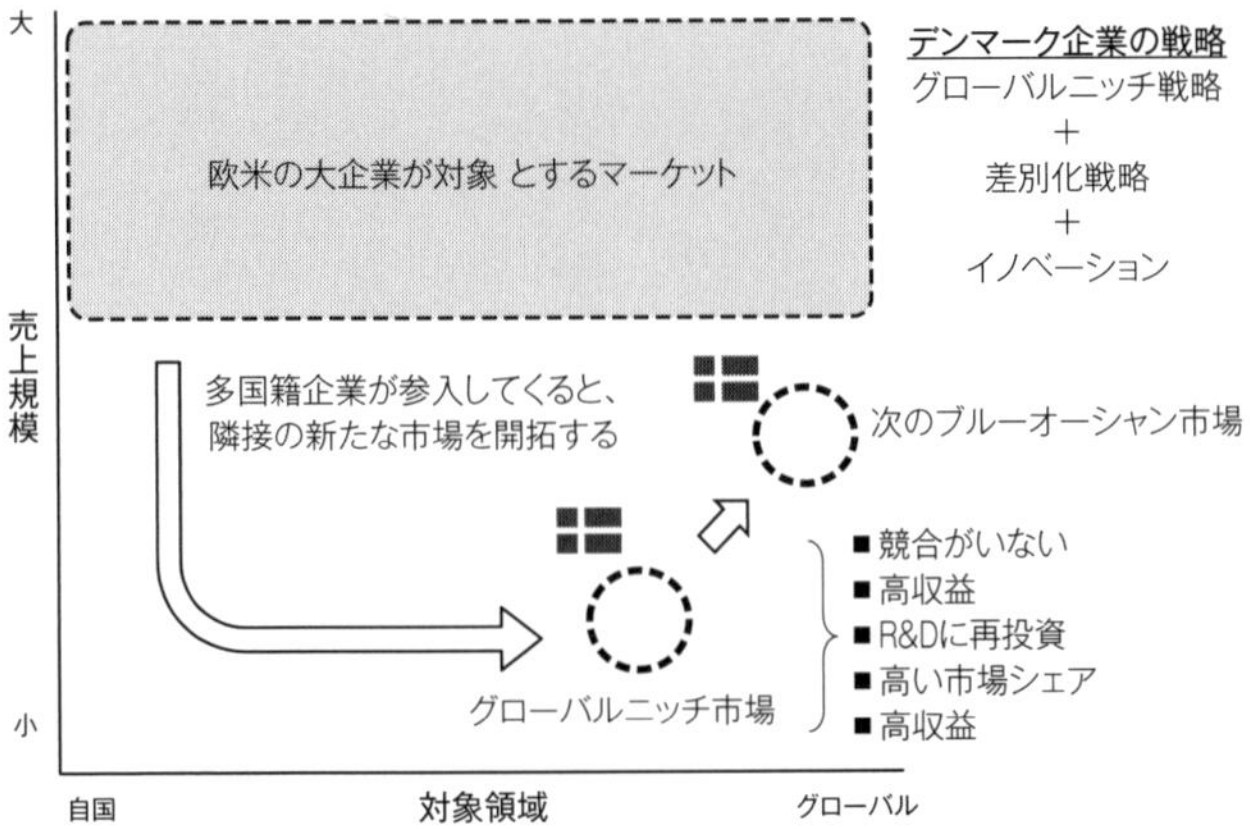

図1　デンマーク企業の戦略

日本と比べて圧倒的に小さなデンマーク企業が厳しい競争の中で生き残ることができる鍵は、①革新的かつクリエイティブな技術、解決策、デザインを追求する、②国内市場を目指すのではなく、いきなりグローバル市場に参入、③大手企業が見逃しているニッチ市場を攻める、④ニッチ市場でナンバーワンを目指す、⑤収益のうち高い比率を研究開発に回す、⑥研究開発を通じて、さらにクリエイティブな製品や解決策を開発し、他社の追随を許さない、という戦略を採っていることだ（図1）。やはり一番重要な要素は、他社より秀でた創造性、価値創造だ。

ただ、規模の小さなデンマーク企業がニッチ市場で高収益を上げていると、大企業に目をつけられて、資本力に勝る大手がニッチ市場に参入してくる。そうした場合、小規模なデンマーク企業は今まで注力していた市場を放棄して大手企業に譲ってしまう場合がある。そして、自社は既存技術をベースにした新たなニッチ市場を開拓して事業を展開する。そこは競合がいないブルーオーシャン市場で、引き続き高収益を享受できるというわけだ。

このような戦略が採れるのも、優秀な人材がいてこそだ。デンマークの企業は経営幹部も含めて創造性に長けた社員の採用に力を入れているところほど成功している確率が高い。デンマークでは大学発ベンチャーにも注力しており、研究室からそのまま起業して成功するなど研究開発型の企業が多いことも特徴だ。

2　世界で活躍するクリエイティブなグローバル企業

ここでは、グローバル（含むニッチ）で成功している企業をいくつか紹介したい。

❖アーステッド：石油・天然ガスから再生可能エネルギー企業へ

環境エネルギー分野では洋上風力発電のアーステッド社（Ørsted A/S）がある。アーステッドはもともと国営エネルギー企業であり、現在でも株式の過半数をデンマーク政府が保有する、デンマークを代表するエネルギー企業だ。

2017年10月までの社名はドンエナジー（DONG Energy A/S）で、ドン（DONG）の意味はDansk Olie og Naturgas＝デンマーク・石油・天然ガスの頭文字である。しかし、2000年前後から再生可能エネルギーの代表格である洋上風力発電事業に積極的に投資を行う一方で、既存の石油・天然ガス事業を売却しており、2023年までに石炭火力発電についても完全に撤退することを発表している。事業構造が再生可能エネルギー主体に転換されているにもかかわらず社名に石油と天然ガスが残っていることは実態に合わないため、社名を変更し「アーステッド（Ørsted）」になった。アーステッドとは、デンマークの物理学者であったハンス・クリスチャン・アーステッドにちなんで命名されている。

既存の石油・天然ガス事業から再生可能エネルギーにシフトした結果、アーステッドは収益が大幅に増加し、今や世界最大の洋上風力発電開発会社に成長している。ちなみに同社の戦略は「グリーンエネルギー」であり、洋上風力発電事業に加えて、バイオエネルギー事業、再生可能エネルギーを市民に届ける配電やグリッド（系統）事業も展開している。

アーステッドは、日本では東京電力と東京ガスを合わせたような会社だが、もともと石炭、石油、天然ガスによるエネルギー生産を主要事業としていた同社が、経営方針を大きく変え、グリーンエネルギーに軸足を移すことを決めたのは、将来を見通す慧眼に基づいた経営力と新しい経営ビジョンを事業戦略に落とし込む創造力にある。

アーステッドは2018年6月に台湾の洋上風力発電事業（620MW）も落札し、アジア事業も拡大している。2019年1月には東京電力と洋上風力発電に関する協定を結ぶなど、これから日本での活動も強化されるだろう。

❖ノボノルディスク：糖尿病治療薬のリーディングカンパニー

ノボノルディスク社（Nnovo Nnordisk）は、糖尿病治療薬の分野でリーディングカンパニーである。1923年に設立されたノルディスク・インスリン研究所と1925年に設立されたノボ・テラピューティスク研究所がインスリン製剤の生産を始め、業界トップ2社となった両社がさらなる成長と発展を目指して1989年に合併してできたのがノボノルディスク社である。その後急成長し、糖尿病、血友病、成長ホルモン治療で世界的企業となっている。

製薬企業は収益力が高い一方で、新薬開発の競争も激しく売上拡大に邁進するイメージがあるが、ノボノルディスクは創業時から、「薬をたくさん売ること」ではなく「患者を助けること」を目的としており、現代病でもある糖尿病患者が重症化したり合併症で苦しむことがないように支援することに重きを置いている。

近年、世界の糖尿病患者の数は爆発的に増加しており、2017年時点ですでに4億2500万人に上る（国際糖尿病連合IDF）。これは世界の成人のうち11人に1人が糖尿病患者であることと示している。そして、有効な対策をとらないと、糖尿病患者数は2045年までに6億9300

万人に増加すると予測されている。つまり、このまま糖尿病患者が増えるとその医療費を社会で負担することになり、社会に損失をもたらすこととなる。

ノボノルディスクは自社の利益だけでなく、こうした社会の健全な発展に貢献することも含めて事業を展開している。それは環境エネルギーの利用でも徹底されており、同社の全世界の工場における再生可能エネルギー電力の比率は78％（２０１６年）となっており、２０２０年までに全世界の工場電力を１００％再生可能エネルギーにすることを目標としている。

❖レゴ：世界の子供の創造力を育てる玩具メーカー

プラスチック製の組み立て玩具「レゴブロック」は世界中の子供たちに愛されているが、その製造販売会社レゴ（ＬＥＧＯ）は世界の玩具市場での売上が2位（２０１７年）を占める、デンマーク企業であることを知っている人は意外に少ない。

レゴは１９３２年、オーレ・キアク・クリスチャンセンによってデンマークの小さな街ビルンで設立された。レゴの経営哲学は「質の良い遊びは子供の人生を豊かにする」というもので、レゴの意味はデンマーク語で「leg godt（よく遊べ）」の略語である。

レゴに限らず、デンマーク企業は、その企業理念や価値体系が明確である。レゴも、①イマジネーション（想像力）、②クリエイティビティ（創造性）、③ファン（楽しみ）、④ラーニング（学び)、⑤ケアリング(思いやり)、そして⑥クオリティ(品質)をブランド価値として提示し、企業理念として「子供たちにひらめきを与え、将来の創造者を育む」、ビジョンは「未来の遊びを発明する」と定めている。

こうした企業理念やビジョンが定められた背景には、1980年代後半からレゴブロックの特許が切れ、格安の類似品が市場に出回ったことが関係している。類似品が出回った結果、同社の業績は悪化し、2014年12月期には約310億円の損失を出し一時は経営が破綻する危機にあった。

そこで経営改革が行われ、創業時の基本理念に立ち返り、経営理念に基づいた価値観を定め、多角化で停滞した組織をスリム化し事業を絞り込んだ。また、イノベーションによる成長を目指し、イノベーションのプロセスと事業プロセスを可視化するため、「イノベーション・マトリクス」を取り入れた。これは縦軸にイノベーションの起こし方を示し、横軸に企画、開発、マーケティングなど事業フローを示している。

こうした経営改革の結果、業績は回復し、デンマークだけでなく世界でも革新的な企業の代表として認知されるまでになっている。日本でも近年、イノベーション経営の重要性が議論されているが、レゴのように規模が小さい(1・9万人、2017年)からこそ限られた経営資源を最大化するために、末端の従業員まで巻き込んで徹底的にイノベーションを具現化している取り組みは参考になる。

3　デジタル成長戦略と連携して進展するＩＴ産業

❖デジタル成長戦略

デンマークは前述した通り、ＥＵナンバーワンと評されるデジタル化先進国であるが、この国家のデジタル化戦略と連動する形で、デンマークのＩＴ産業が発展してきた。

デンマークでは、２０１８年1月に「デジタル成長戦略」を策定した。今日本で言われているデジタル・トランスフォーメーション（ＩＴが暮らしやビジネスをより良く変えるという概念）は、どちらかと言うと、企業オペレーションのデジタル化という文脈で使われているが、デンマークは政府が主導して企業のデジタル化だけでなく、国そのもののデジタル・トランスフォーメーションを推進している。

デンマークのデジタル成長戦略の骨子は次の三つである。

①デンマークのビジネスがデジタル技術の活用の点において欧州でベストになること、特に中小企業が先端デジタル技術を利用できるように政府がその推進体制を保証する。

②デジタル・トランスフォーメーションを実現するために、政府として最高の環境を整える、特

に新しいビジネスモデルや投資を引きつけるための迅速な規制緩和、そしてサイバーセキュリティとデータ処理体制を強化する。

③すべてのデンマーク人がデジタル・トランスフォーメーションに対応し、ＥＵで最もデジタル化に準備をした国民となる。そのために適切なツールと教育を提供し将来の労働市場に備える。

そして、これらの戦略を実行するための六つの領域を定めている。

①デジタル化による成長環境を強化するための「デジタル・ハブ・デンマーク」を設置

②中小企業のデジタル化対応を強化

③すべてのデンマーク人がデジタルスキルを身につける

④貿易と産業の成長にビッグデータを活用

⑤貿易と産業の迅速な規制緩和

⑥企業におけるサイバーセキュリティを強化

この中でも産業のエコシステムに関して注目に値するのは、①デジタル・ハブ・デンマーク、②中小企業向けデジタル化対応、そして④ビッグデータの活用だろう。

❖デジタル・ハブ・デンマーク

「デジタル・ハブ・デンマーク」は、産業・ビジネス・財務省が推進する、デジタル化で強力な成長を実現するためのフレームワークだ。意外なことに、デジタル化で先頭を走るデンマークだが、新しい技術、たとえば人工知能、ビッグデータの活用では他国に遅れをとっていると認識されており、冷静に自国の弱みを見極めて具体的なアクションにつなげている。

デジタル・ハブとして、以下の取り組みが展開されている。

・ナショナルプラットフォーム：デジタル化に関係する革新的アイデアやスキル、協業関係構築のプラットフォームにアクセスしてマッチメイキングを行う
・学習：新しい技術のアプリケーションを学習するトレーニングポータル
・マーケティング：デンマークがデジタル化のフロントランナーであることを世界に発信する
・新しいビジネス、才能、投資を惹きつける機能
・デジタル技術の国立調査センター（主に人工知能、IoT、ビッグデータ）
・国際会議やトライアルプロジェクトなどの活動

❖中小企業向けデジタル化対応

デンマーク政府が力を入れているのが、中小企業向けデジタル・トランスフォーメーションだ。政府の分析では、中小企業のデジタル化は大手企業と比べると遅れており、デジタル技術の活用により複数の産業で事業開発が進展できるとしている。

たとえば、ＩＴの普及は事業運営と経営管理を容易にし、ｅコマースは海外を含めた広域な市場で事業を行うことが可能となる。一方で、多くの中小企業はデジタル化による新規ビジネスの機会やそれらに対する取り組み方法について理解していないし、またスキルも乏しい。政府は、中小企業がデジタル技術の機会を統合して扱うことができれば、生産性改善につながると考えている。

具体的取り組みとして、次のような支援策が実施されている。

・中小企業向けのデジタル・トランスフォーメーションとｅコマースを支援
・デジタル技術の標準化と理解の支援

❖ビッグデータの活用

データ化の進展に伴い、今やデータこそが最も重要な経営資源となっている。ＯＥＣＤの調査でも、データ主導のイノベーションと事業開発が結果的にさまざまなセクターで生産性を5～10％改善すると分析している。データを活用したデジタル成長でデンマーク政府が重要だと考えているのは、製造業、小売、エネルギー産業、保険、交通セクターにおけるデータの収集と分析に基づいた企業経営の最適化だ。

具体的な取り組みとしては、次のようなものが挙げられる。

・企業が有するデータの活用促進：企業のデータ活用のガイドライン策定、データ利用の倫理規

定の開発、ブロックチェーンソリューションの活用、デジタル輸出と認証、旅行データのデータベース化
・データを成長のドライバーとして活用：デンマーク気象協会の気候と海運データへの無償アクセス
・企業の公的データのさらなる活用
・オープンな公的データのパートナーシップの形成
・基礎データの統合と品質改善
・スマートシティのパートナーシップ形成

こうしたデンマーク政府のデジタル化政策によって進展しているIT産業としては、ヘルスIT、スマートグリッド、ロボット、フィンテック産業、そして関連するソフトウェア開発全般が挙げられる（図2）。

しかし、他国とデンマークの違いとして、これは小国の限界でもあるのだが、資金、技術、人材などの経営資源が限られており、NEC、富士通、日立製作所のような広範な分野に対応できる総合IT企業はデンマークにはないことだ。デンマークでは、それぞれの特定分野におけるアプリケーションを開発するソフトウェア企業や部分的なプロセスを担う企業がほとんどである。

ただし、限られた専門分野では世界でもトップクラスの革新的技術を有していることから、日本のIT企業と協業した場合、高品質で大規模な社会インフラに利用できる非常に面白いソリュー

ICT	ビッグデータ解析 DABAI	デジタル政府 Digital Government	フィンテック Copenhagen Fintech	スマートシティ Danish Smart City	ブロックチェーン European Blockchain Center	ソフトウェア開発 IBM Microsoft Apple
	量子コンピュータ Niels Bohr Institute	人工知能 National Strategy of AI in 2018	協働ロボット Universal Robots	サービスロボット Odense Robotics	ドローン UAS Denmark	音響技術 Bang & Olufsen Oticon Widex GN Resound
環境＆エネルギー	洋上風力発電 MHI Vestas Offshore Wind Ørsted	バイオエネルギー Ørsted BWSC Force Technology	地域熱供給システム HOFOR Ramboll VEKS	インテリジェントグリッド Energinet	データセンター Apple Google facebook	海運技術 Shipping Lab
医療＆農業	遠隔医療 Telemedicine	個別化医療 Personalized medicine	医療技術 MedTech	農業IT Agro Food Park	フードテック Danish Food Cluster	新北欧料理 （分子ガストロノミー） Nordic Cuisine
システム＆方法論	循環経済モデル Circular Economy	プロダクトデザイン Danish Design	デジタルデザイン Digital Design	インタラクションデザイン Alexandra Institute	社会システムデザイン Danish Design Cetner	ユーザー・ドリブン・イノベーション User Driven Innovation

図２　デンマークの先端技術が強い分野

ションを開発できるのではないだろうか。２０１８年12月末、ＮＥＣがデンマーク最大手のＩＴ企業ＫＭＤ社の買収を発表した。この案件はデンマーク外務省投資局が支援した投資プロジェクトでもあったので、デンマークと日本の新たな連携モデルの雛形になるかもしれないと期待している。

4 スタートアップ企業と支援体制

❖北欧のスタートアップシーン

北欧でスタートアップといえばスウェーデン（特にストックホルム）が有名だ。北欧諸国の中で資金面、エコシステムで最も充実したフレームワークを整えている。一方、デンマーク、特にコペンハーゲンは、広い分野で展開されるアプリケーションの充実度、産官学連携（6章で紹介するトリプルへリックス）から生み出される革新的なソリューションでは一目置かれていたが、スタートアップに対する知名度やエコシステムの展開力では一歩遅れていた。

しかし、ここ数年ようやくデンマークでもスタートアップに対する支援が充実してきており、スウェーデンに続く北欧のハブとなりつつある。

デジタル化を推し進めるためには、大手企業だけでは不十分であり、さまざまなソリューションや技術を開発する中小企業、特にスタートアップを育成することの重要性にデンマーク政府や自治体も気がつき、スタートアップ支援が具体化していることがある。そして前述した、公的セクターのオープンデータを民間セクターが活用しやすい環境、デンマークが有する創造性と革新性の点で欧州においてスタートアップの最も有望なロケーションの一つに成長している。

北欧諸国の中で430社のスケールアップ（スタートアップから成長した企業）の22％がデンマークにあり、10万人あたりのスケールアップの比率では、デンマークはイギリスの1・6倍、欧州大陸平均の実に6倍近い数字となっている。

これまでにデンマークで起業し、グローバルで事業を展開するようになったスタートアップ企業としては、創業者の1人がデンマーク人であるインターネット電話サービスのスカイプ社（Skype）、顧客サポートのプラットフォームを提供するゼンデスク社（Zendesk）、ビデオゲーム開発企業のユニティ社（Unity Technologies）などがある。

ブロックチェーンや人工知能などの先端技術分野でもスタートアップが登場している。ブロックシッピング社（Blockshipping）はブロックチェーンを利用して海運のコンテナ貨物を追跡できるプラットフォームを構築した。ＡＩのボットサプライ社（BotSupply）は会話型人工知能のソリューションを開発し、ＩＢＭも注目しているベンチャーだ。また、協働ロボット開発のユニバーサルロボット社（Universal Robots）は日本市場にも参入し、事業が拡大している。ユニークなケースでは、食料廃棄を解決するためにレストランと消費者をつなぐマッチングアプリのトゥグッドトゥゴー社（Too Good to Go）はデンマークからイギリス、そして欧州に展開している。

❖スタートアップ・デンマーク

政府、自治体とも、それぞれの方法でスタートアップを支援している。

「スタートアップ・デンマーク（Start-up Denmark）」は、産業・ビジネス・財務省と移民・統合・住宅省（設立時。現在は省庁再編で名称が変更されている）が運営しており、国が主導している起業支援機関である。スタートアップ・デンマークはEUとEEA（欧州経済領域）加盟国以外に在住する市民のみが申請でき、承認されると、政府から居住許可証が交付されるしくみである。デジタル化を進めるためには欧州以外からも優秀なエンジニアや起業家をデンマークに呼び寄せ、デンマークの企業と協業を図りながら成長とイノベーションを加速させようという狙いがある。その証拠に、イノベーションや大きな成長が見込めないコンサルティング企業、小売、貿易関係の企業、レストランなどの業種は「スタートアップ・デンマーク」の支援対象になっていない。

❖コペンハーゲンのスタートアップ・プログラム

自治体の中では、特にコペンハーゲン市がスタートアップ・プログラムに注力している。コペンハーゲン市の外郭組織であるコペンハーゲン投資局は国と同様に海外の技術スタートアップの支援を積極的に行い、コペンハーゲンのスタートアップと協業させる形で投資誘致とイノベーションを同時に実現することを狙っている。

毎年9月には「テックバーベキュー（TECHBBQ）」を開催し、２０１９年も内外のスタートアップ企業、投資家、大手企業、パートナーシップを探している機関が参加してコペンハーゲンでの新規事業や起業を検討した。

コペンハーゲン市はフィンテックにも力を入れており、デンマーク銀行協会などと連携して「コペンハーゲン・フィンテックラボ（Copenhagen FinTech Lab）」を設立した（5章参照）。フィンテックラボではフィンテックのスタートアップを中心にクラスターが形成されているが、加えて先端のフィンテックを探している投資家や金融機関も視察に訪れオフィスを構えるなどして連携が始まっている。

5　新北欧料理とノマノミクス

食通の方であれば、「ｎｏｍａ（ノーマ）」の名前を聞いたことがあるはずだ（10、11頁写真）。イギリスの飲食業界誌「レストラン・マガジン」が選ぶ「世界のベストレストラン50」で、２０１４

1. 北欧という地域を思い起こさせる、純粋さ、新鮮さ、シンプルさ、 倫理観を表現する
2. 食に季節の移り変わりを反映させる
3. 北欧の素晴らしい気候、地形、水が生み出した個性ある食材をベースにする
4. 美味しさと、健康で幸せに生きるための現代の知識とを結びつける
5. 北欧の食材と多様な生産者に光を当て、その背景にある文化的知識を広める
6. 動物を無用に苦しめず、海、農地、大地における健全な生産を推進する
7. 伝統的な北欧食材の新しい利用価値を発展させる
8. 外国の影響を良い形で取り入れ、北欧の料理法と食文化に刺激を与える
9. 自給自足されてきたローカル食材を、高品質な地方産品に結びつける
10. 消費者の代表、料理人、農業、漁業、食品加工業、小売り、卸売り、研究者、教師、政治家、このプロジェクトの専門家が力を合わせ、北欧諸国全体に利益とメリットを生み出す

図3　新北欧料理のマニフェスト

年にランキング1位に選ばれており（2010〜12年は3年連続で1位）、世界のセレブを唸らせ、今や予約に半年待ちという人気のレストランである。

ノーマのシェフであり創業者でもあるレネ・レゼッピは、分子ガストロノミーという調理方法で斬新な料理を提供して、一躍世界の美食家を虜にした。

デンマーク料理と言えば、昔からジャガイモ、豚肉、チーズなどの乳製品を中心としたもので、オーブンで焼く、鍋で煮込むというシンプルな調理方法が多かった。デンマーク人自身がフランス料理やイタリア料理などのように、食を特別な文化や産業に位置づけてこなかったこともあり、北欧料理は美食として世界に紹介されてこなかった。

しかし、ノーマを創業したレネら若いデンマークのシェフたちは、北欧の豊かな風土が育む食材を見つめ直し、これまで経験や勘で伝承されていた調理法を、たとえば調理で食材が変化するしくみを科学的観点から分析

2018年にリニューアルオープンしたノーマの店内（©Ditte Isager / Copenhagen Media Center）

して、調理法の改善、新たな食材の活用等を開発する分子ガストロノミー、顧客の五感を刺激する料理の見せ方、美しい店舗デザイン等によって、「新北欧料理」（ニュー・ノルディック・フード／キュイジーヌ）というジャンルを構築した。

２００４年に食のプロデューサーでノーマの共同設立者クラウス・メイヤーが「新しい北欧料理のためのマニフェスト」を発表した（図３）。最終的に北欧５カ国を代表する12人の精鋭シェフがマニフェストに署名した。シェフたちはマニフェストの中で、北欧料理はその美味しさと個性、そして地方料理の質の高さと魅力を追求しており、世界の料理と並び称される価値があることを表明している。

すなわち、彼らは新北欧料理を単に食文化という視点で捉えるのではなく、「食」を通じた価値創出、エコシステム、サプライチェーンを包含し

ノーマのシェフであり創業者、レネ・レゼッピ（©REUTERS Fabian Bimmer - stock.adobe.com）

た概念として定義づけている点が特徴である。そして「倫理観」「季節」「幸福」「生命」など、人間が自然と共生する際に考察すべき要素が新北欧料理のマニフェストの中で明確に記されている。

こうした五感に訴える新北欧料理は、日本料理からも影響を受けている。新北欧料理のシェフには京都で旨味、出汁、盛り付けの研修や修行をしている者もおり、ノーマのレネも京都の老舗料亭「菊乃井」の主人、村田吉弘氏に招かれ数年前に来日した。そして２０１５年にマンダリンオリエンタル東京で期間限定の「ｎｏｍａ東京」を開店した際にも日本各地を回り日本の伝統食材を研究し、日本の食文化の豊かさに心を打たれたと言っている。

ノーマは２０１６年12月31日に閉店した。そして、レネらは、東京、オーストラリア・シドニー、メキシコ・トゥルムなど海外で期間限定の店をオープンしながら、各国でさまざまなインスピレーションを得て2017年6月に帰国。2年の充電期間を経て、2018年2月に「noma 2・0」としてリニューアルオープンした。

レネはnoma 2・0を開店するにあたり、その経緯を次のように語っている (René Redzepi : "With Noma 2.0, we dare again to fail" -Best and Beyond)。

「2004年にノーマを開店してから新しいことに挑戦してきたが、成功するにしたがって、形式的なものの考え方が創造的な領域まで支配するようになってきた。それを打破するために創造的な領域を広げようとしても、時間の経過とともにだんだん機能しなくなった。どこか別の場所、新しいことに挑戦する必要があったが、そのためには、ルーティンを壊す必要があった。創造性において最も危険なものが、決まりきった枠組み＝ルーティンだった。新しい形態、新しい価値観を構築することが必要で、成功は人々に限界を設けてしまう。」

競争の激しいレストランの世界で、しかも成功の絶頂期に一度事業を閉鎖した経営者の言葉だけに重みがある。このレネの言葉にデンマークのクリエイティビティの本質が隠されているのではないだろうか。

5章

デンマークのスマートシティ

1　デンマークのスマートシティの特徴

❖デンマークと日本のスマートシティの比較

　最近また日本でスマートシティに関する動きが加速している。国土交通省のスマートシティモデル事業の公募や、内閣府が国家戦略特区制度を活用して2030年頃にスーパーシティを実現する構想に力を入れていることも関係している。日本ではスマートシティは2010年から2015年頃にかけて、各地で展示会が開催され、実証プロジェクトが行われていた。しかしその後ほとんどその言葉は聞かれなくなっていた。

　一方、アメリカ、カナダでは大規模なスマートシティプロジェクトが継続されているし、欧州ではスペインで「スマートシティエキスポ世界会議」が毎年開催されている。デンマークでも、スマートシティは重要なテーマであり、政府主導の具体的な取り組みが行われている。

　むしろ欧州ではスマートシティに関係するソリューション、サービス、技術の展示や紹介という段階から、実証を通じた社会実装に移行しつつあるといえる。ここでは、欧米でスマートシティが進展し、日本では取り上げられなくなった理由を検証してみたい。そこに日本の産業政策が抱える

	一般的なスマートシティ	デンマーク版スマートシティ
理念	電力、交通、建物、行政サービスなどのインフラをICTを活用することで効率化し環境配慮型都市を構築し、持続的成長を実現する概念	同左
目的	都市の持続的成長＋社会インフラ分野での産業、技術の発展、都市環境の改善	都市全体の効率性とグリーン成長の同時達成を目指す
現状	主にエネルギー、交通分野における効率化とデータ連携を実現する部分最適型となっている	エネルギー、交通、水、農業、医療、福祉、教育にわたりITによる融合が進展しつつあり、持続的成長（グリーン成長）と市民の幸福度が関連している 全体最適型
推進者	産業、技術を中心とした関係機関が推進	市民が主役 人間中心のアプローチ
主な参画者	自治体、電力会社、ITサービス企業、ゼネコン、ハウスメーカー	政府、自治体、大学、研究機関、企業、市民、デザイナー、文化人類学者 包括的
技術	IoT、5G、ビッグデータ、人工知能、ロボット、自動運転	ビッグデータ、センシング、IoT、社会システムデザイン
ビジネスモデル	PoCを通じた投資モデル、ビジネスモデルとも未完成	PoCを通じて社会実装されるソリューションが出始めている

図1　デンマークと他国のスマートシティの比較

課題と改善のヒントが含まれている。

デンマークと日本のスマートシティの取り組みを比較してみると、大きく二つの点で違いが見出せる（図1）。

一つは、デンマークの場合、スマートシティの定義が広いということ。二つ目は、スマートシティ・プロジェクトは単にスマートシティをつくることだけでなく、具体的な都市課題を解決するための技術やソリューションを開発し、都市に導入することを目指しているということだ。

スマートシティは、そもそも統一された定義が定められているわけではない。過去に日本で行われていたスマートシティの議論は、スマートグリッドやＢＥＭＳ（ビルエネルギー管理システム）などのエネルギー・ソリューションに関係するインフラ整備が中心で、都市のインフラ技術を開発して産業を促進させるためにスマートシティを展開していた。

一方、デンマークでは、都市計画、エネルギー政策、環境政策に加えて市民サービスが相互に関連して議論されている。そのため、スマートシティが対象とする範囲が広く、持続的な廃棄物管理、交通などのモビリティ、水管理、ビル管理、暖房と冷房、エネルギー、ビッグデータなど、包括的なアプローチをとっている。

スマートシティにおけるソリューションの社会実装については、日本では大半がエネルギー管理系やＭａａＳ（Mobility as a Service、サービスとしての移動）などの交通系の実証プロジェクトが大半だ。一方、コペンハーゲンでは対象領域はエネルギー管理だけでなく、廃棄物管理、ＩＴＳ

（高度道路交通システム）など、広範な領域の社会システムを対象としている。オーフスやオーデンセなど他の都市では、これらに文化教育やヘルスケア、福祉介護なども含まれ、まさしく分野横断的、包括的なアプローチとなっている。

また、スマートシティの取り組み方でも、デンマークと日本では違いがある。デンマークのスマートシティで重視されているのは、「人間中心」という思想だ。スマートシティ・プロジェクトの主な参加者を見ると、日本では地方自治体、電力会社、ＩＴ企業、ゼネコン、ハウスメーカーなどが構成員となっている。デンマークでもこれらの社会インフラを提供する企業が含まれるが、参加者はもう少し多岐にわたり、自治体やＩＴ企業に加え、大学などの研究機関、建築家、デザイナー、文化人類学者、そして市民などもメンバーとして参画している。

あるデンマークの自治体関係者に、どうしてデザイナーや文化人類学者が参加しているのか聞いたところ、彼は「都市は、行政、企業だけでなく、芸術家、音楽家、市民などが活動する場だ。産業だけでなく、こうした多様な人たちの視点を取り入れることが、豊かな都市をつくるために必要だから」と言っていた。逆に日本では、市民、子供や高齢者、障がい者が使いやすいスマートシティをデザインする時に、どのように行っているのかと問われて、答えに窮した覚えがある。

❖デンマークのスマートシティのビジョン

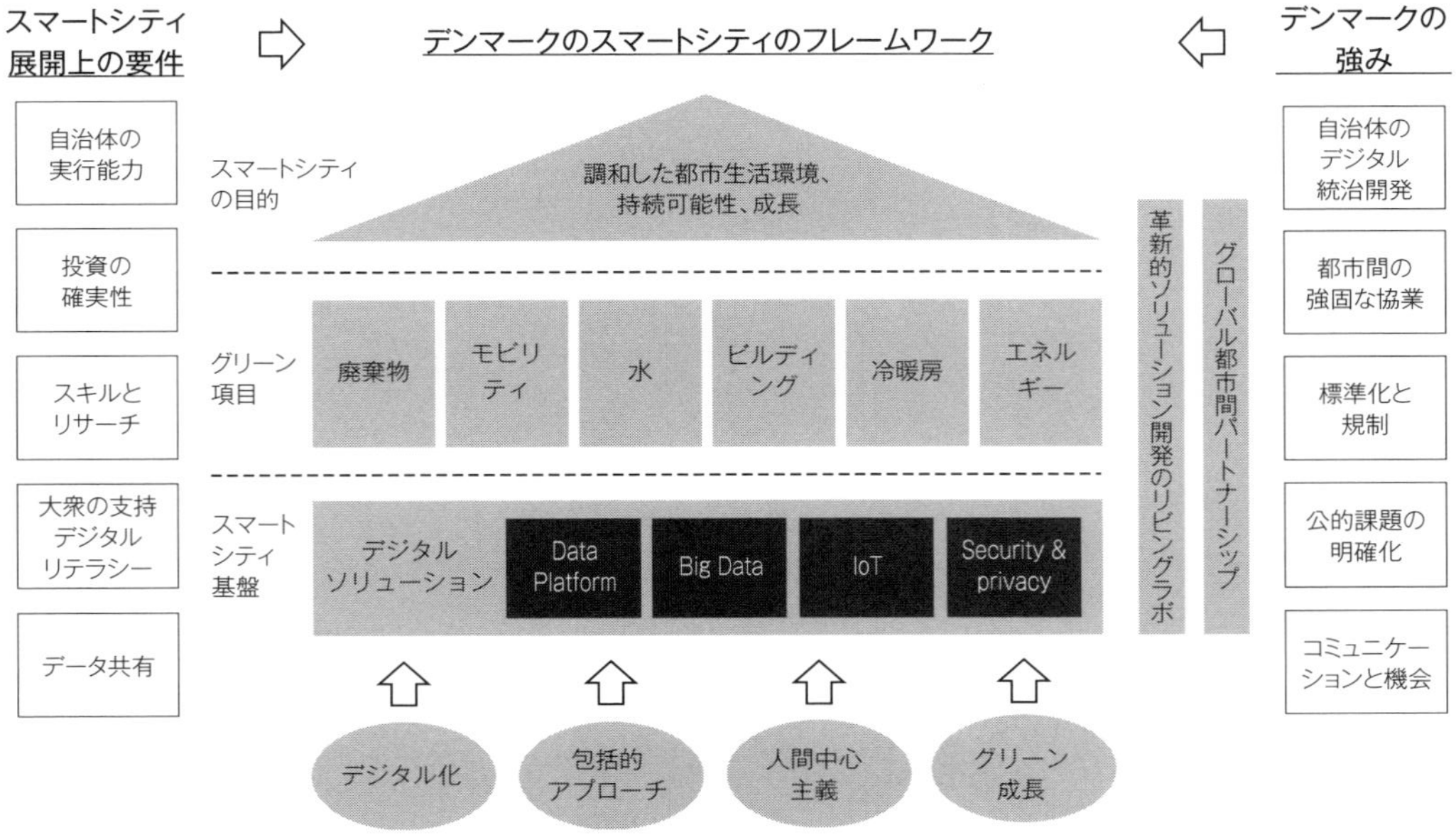

図２　デンマークのスマートシティのフレームワーク（出典：Smart City White Paperをもとに加筆）

デンマークは政策をつくる際に「ビジョン」を設定するのが上手い。明確な定義のないスマートシティについても、デンマークでは次のように定義している。

「スマートシティは住みやすさと持続可能性、そして繁栄の実現を目的として、革新的なエコシステムに市民の参加を可能とするしくみを構築し、デジタルソリューションを活用する社会である。大切なことは、新しい技術と新しいガバナンスのモデルが、ソリューションそのものよりも、市民にとって福祉と持続的な成長の手段になるということである。」

この定義で参考になるのは、市民参加とソリューション開発が自己目的化しやすいことを考慮して、福祉と持続的成長の手段にすると指摘している点である。どちらも日本のスマートシティでは欠けていた視点であろう。

この定義に基づいて、スマートシティのフレームワークが策定され（図2）、「スマートシティで住みやすい都市をつくり、持続可能性と成長を実現する」というビジョン＆ゴールを掲げている。対象となるグリーンセクターには、「廃棄物、交通（モビリティ）、水、建物、冷暖房、エネルギー」を選定し、それらを実現するための基盤として「デジタル化、具体的にはデータプラットフォーム、ビッグデータ、IoT、データのセキュリティとプライバシー」を設定している。

そして、このビジョンを実行し成果を出すために必要なソリューションを開発するための「リビングラボ」を設置、海外都市との連携による経験とノウハウを共有するパートナーシップ構築を挙げている。リビングラボは日本でも浸透しつつあり、横浜市や鎌倉市が積極的に展開している。従来の閉じた形のラボ（研究所）ではなく、市民が参加するオープンイノベーションの場であり、新たな技術やサービス開発の過程で行政、企業、市民が共創して主体的に関わりながら課題解決の道筋を探るための活動拠点のことである。

ビジョンの設定で指摘していることは、一般的なスマートシティプロジェクトで取り上げられているような、ビッグデータ、センサーの活用、自動運転などの技術により都市の主要課題を解決するという表面的なことだけでなく、国際的に協業をしながらこれらの技術を組み込んだ包括的かつ人間中心のフレームワークを構築することに注力していることだ。なぜなら、デジタル化で統合された社会では、一つのソリューションがＩＴシステム、ヘルスケア、セキュリティなど複数の問題を同時に解決する場合がある一方で、複雑な問題は官民が連携して制度面、技術面、ノウハウ面で組織横断的かつ組織の枠組みを越えた協業が必要となるからだ。

❖ビッグデータの活用

デジタル先進国のデンマークは、スマートシティでもデジタル技術を積極的に利用する方針を示している。しかし、ビジョンと同じように、デジタル技術のアプリケーション開発が目的なのではなく、持続的成長を実現するための手段として割り切っているところがポイントだ。特にスマートシティを構築する上での課題は、いかに安定的、かつグリーンで低価格のエネルギーにアクセスできるかどうかであり、そのためにはデジタルインフラ上で収集されるデータの活用が鍵となる。デンマークでは2013年から電力セクターが系統データを収集しており、また2020年までにすべての世帯でスマートメーターの設置が義務づけられているので、今後は電力だけでなく、水、暖房などのインフラ系のデータが収集され、最終的にはそれらのデータをサービスの向上という価値に変え国民に提供される。

2 コペンハーゲンのスマートシティ

デンマークの首都コペンハーゲン市は人口約61万人（2018年）、日本の自治体では千葉県船橋市とほぼ同じ規模だ（63万人、2017年）。

ほとんどの日本人は、コペンハーゲンといえば、欧州で一番長い歩行者天国であるストロイエ（2頁写真）、チボリ公園、陶磁器のロイヤルコペンハーゲン、そしてアンデルセンの童話などを思い描くだろう。しかし、コペンハーゲンでは、1990年中盤以降急速に開発が進んでいる。

アマー島にあるウアステッド（Ørestad）エリアは、コペンハーゲンの新都市開発構想によってメトロが開通し、ITのスペシャリストを育成する大学（ITU）や高校などが設立され、新しい都市が形成されている。

コペンハーゲン中心部。港湾地区等でスマートシティ開発が進む

ノーハウンは（Nordhavn）エリアは、もともと古い港湾地区であった場所を、モダンな居住＋ビジネス地区に変える一大プロジェクトが実施されており、スマートシティのソリューションも多く導入される予定だ（詳細は後述）。

このように、従来のコペンハーゲンの風景がスマートシティを軸にどのように変革されようとしているのかを紹介したい。

❖CPH2025気候プラン

コペンハーゲン市のスマートシティは、2012年に策定されたエネルギー計画「コペンハーゲン2025気候プラン（CPH2025 CLIMATE PLAN）」と密接に結びついている（図3）。カーボンニュートラルな都市をつくるためには、エネルギー計画だけで達成することは不可能で、交通システム、廃棄物管理、冷暖房システムなど、都市を構成する多様な要素を横断的に解決する必要がある。CPH2025気候プランにはスマートシティに関係するエネルギー消費、エネルギー生産、交通（モビリティ）が含まれている。

CPH2025気候プランは野心的な計画となっている。それは、世界的に都市化が進展し、都市に人口が流入する傾向にあるなかで、カーボンニュートラルな首都を実現することは簡単ではないからだ。コペンハーゲン市も毎年人口が増加しており、その中でいかに計画を達成するかについて綿密な分析に基づいた計画を立てている。

◇コンセプトと全体戦略

２０２５年に世界初のカーボンニュートラルな首都になることを基本コンセプトとして、グリーンなスマートシティを目標とし、行政、ビジネスセクターと大学が連携してグリーン・ソリューションの開発、雇用、そしてグリーン成長を先導することを目指している。

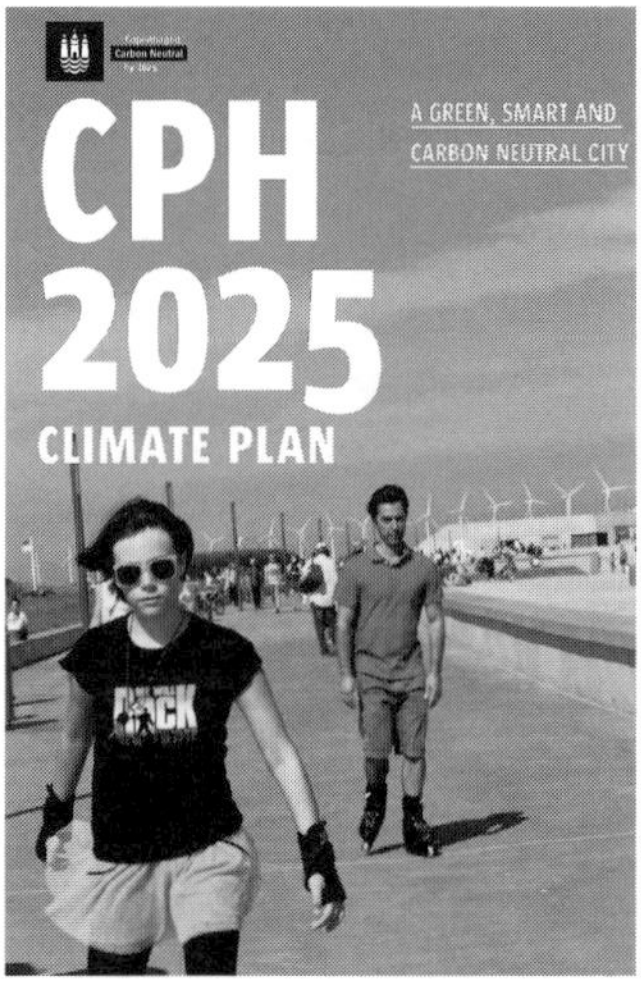

図３　コペンハーゲン 2025 気候プラン
（出典：CPH2025 CLIMATE PLAN）

市の２０１１年の二酸化炭素の排出量は約１９０万トンであった（図４）。これを２０２５年までに大幅に削減するために、地域熱供給で石炭からバイオマスへの転換、再生可能エネルギーのさらなる利用、省エネの推進などが必要になる。

しかし、２０２５年までにカーボンニュートラルを実現するためには、特にエネルギーと交通が重要な鍵となる。現在よりさらにグリーンエネルギーの生産が必要になること、電気自動車や水素自動車は開発されているがまだ一般ユーザーには普及していないこと、バスやトラックは今後もガソリン車やディーゼル車を利用しなければならないからだ。

分野横断的でかつ複雑な事象に対応するには、異分野の知見を活用するアプローチが重要とな

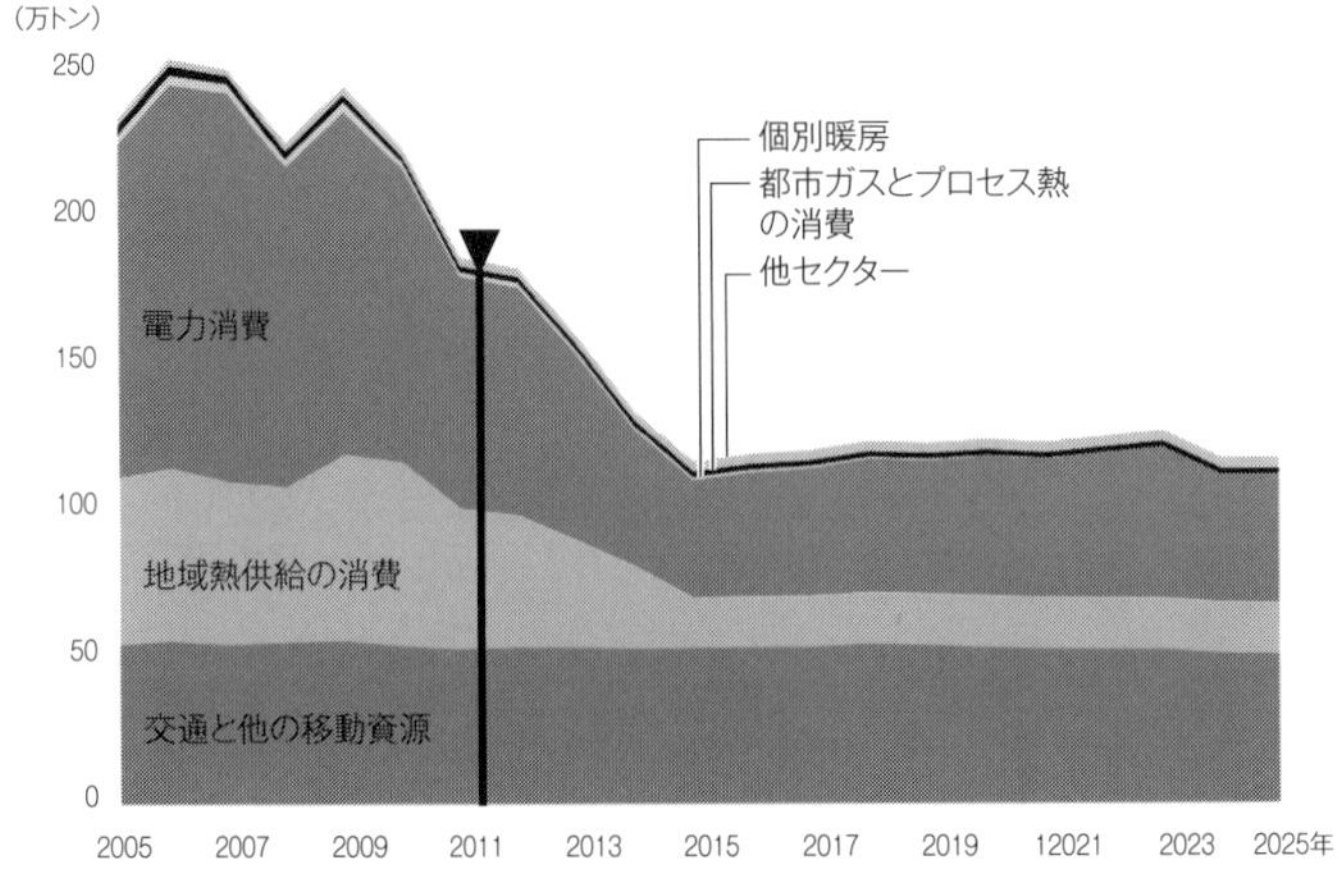

図4　コペンハーゲンの二酸化炭素排出量の推移（出典：CPH2025 CLIMATE PLAN）

る。CPH2025気候プランも、市当局、民間企業、大学などの研究機関が協同で取り組むしくみをつくりあげている。つまり、「トリプルへリックス（産官学連携）」（6章参照）によるクラスターを戦略的に利用しているのだ。

そして、全体コンセプトの中で重要なことは、スマートシティの特徴でも触れた通り、「人間中心」の思想がきちんと組み込まれていることである。世界初のカーボンニュートラル首都を目指すことだけが目的なのではなく、きれいな空気、快適な住居、グリーンモビリティが提供される生活の質が高いスマートシティをつくることこそがコペンハーゲンの目指すべきゴールであるとしている。

つまり、スマートシティの最優先事項は、市民の日常生活にあることを市当局の関係者が理解しており、市民も、エネルギー消費の削減、電気や熱の燃料費の削減を実践するだけでなく、自宅で使用するエネルギーをグリーン対応にすることで、将来エネルギー価格が上昇した場合でもそのインパクトを最小限にすることができること。その結果、健康で快適な暮らしを送れることを理解している。こうした市民1人1人の行動の積み重ねこそがカーボンニュートラルを達成する原動力であることが、このプランに関わるすべての人に共有されている。

◇グリーン成長

デンマークでは「グリーン成長」という言葉がよく使われる。コペンハーゲンでもグリーン成長をCPH2025気候プランの中心に据えており、カーボンニュートラルとグリーン成長を同時に実現することが重要だとしている。日本では環境問題と産業政策は別の次元で扱われることが多い。デンマークはエネルギーと環境問題を解決しながら、その結果として産業を含めた地域の経済的発展を実現するアプローチをとる。

たとえば、コペンハーゲン市の場合は、地域熱供給はすでに同市の暖房需要の98%をカバーしている。熱電併給は熱と電気を個別に生産するより2倍効率が良いと言われており、自治体にとっては環境の改善効果に加えて低コストでエネルギーを調達できるという点で経済的にもメリットがある。そして地域熱供給を含めて環境技術産業が発展すると雇用対策にもなる。2009年には環境セクターで1・1万人の雇用を創出している。

◇目標と優先事項

ＣＰＨ２０２５気候プラン実現のため、計画では、①エネルギー消費、②エネルギー生産、③グリーンモビリティ、④市当局の取り組みについて、目標と２０２５年までの優先事項を設定している（表１）。

①エネルギー消費

２０２５年までにコペンハーゲンにある建物のエネルギー消費を、省エネ技術の導入などで大幅に低減する。新築建物は省エネ仕様にしなければならない。また商業やサービス企業における電力消費については、大幅なエネルギーの節約が見込まれることから、特別に注力するとしている。自治体が所有する施設には太陽電池を設置し、新しいエネルギー技術や方法論を積極的に実証する。

②エネルギー生産

２０２５年までにコペンハーゲンの地域熱供給はグリーンエネルギーである風力発電、バイオマス発電、地熱発電、廃棄物発電にする。最終的な目標は、地域熱供給を２０２５年にカーボンニュートラルにすることである。再生可能エネルギーを余剰に発電し他地域に供給することで、他地域の化石燃料ベースの発電をも削減する。これらは主にエネルギー企業が主体的に行い、そのためインフラの変更が必要となるが、その導入は段階的に行い、安定的なエネルギー供給と環境面、

	エネルギー消費	エネルギー生産	グリーン モビリティ	市当局の取り組み
目標	・暖房消費を2010年比で20％削減する ・商業とサービス企業の電力消費を2010年比で20％削減する ・一般家庭における電気消費を2010年比で10％削減する ・総消費の1％分の太陽電池を敷設する	・地域熱供給をカーボンニュートラルにする ・風力とバイオマスによる発電がコペンハーゲンの需要を超過する ・プラスチックの選別 ・バイオガスによる廃棄物処理	・市内の移動の75％を徒歩、自転車、公共交通機関にする ・市内の全通勤・通学者のうち50％を自転車にする ・公共交通機関の利用者を2009年比で20％増やす ・公共交通機関はカーボンニュートラルベースとする ・小型乗用車の20～30％を新燃料（電力、水素、バイオ燃料）ベースにする ・大型車両の30～40％を新燃料（電力、水素、バイオ燃料）にする	・市所有建物のエネルギー消費を2010年比で40％削減する ・市所有建物について省エネ基準を満たすようにする ・すべての市所有車を電気自動車、水素自動車、バイオ燃料車とする ・市内の街灯におけるエネルギー消費を2010年比で半減させる ・6万㎡の太陽電池を既存の市所有建物と新規建物に設置
2025年までの優先事項	・建設セクターにおけるフレームワークの改善 ・エネルギー効率の高い建物の導入 ・太陽電池の推進 ・建物セクターにおける低エネルギー消費のイノベーションと解析 ・スマートシティの推進	・陸上風力発電 ・洋上風力発電 ・風力発電による他の自治体へのエネルギー供給 ・風力発電プロジェクトにおける入札パートナーシップ ・熱電併給プラントでのバイオマス発電 ・次世代型熱ユニット（地熱設備、ヒートポンプや太陽熱を含めた再生可能エネルギーを利用した熱生産システム） ・エネルギーのピーク生産をカーボンニュートラルな燃料に変換 ・新しい廃棄物処理センターの設立 ・食品廃棄物処理の推進 ・廃棄物におけるプラスチックの分別	・自転車都市の推進 ・交通セクターにおける新燃料（電力、水素、バイオ燃料）への転換 ・公共交通の利用促進 ・ITS（高度道路交通システム）の構築 ・モビリティ向上のために投資計画	・システマティックな消費マッピングとエネルギー管理 ・エネルギー効率の高い建物の建設 ・市所有施設における太陽電池の導入 ・市所有車の新燃料車への転換 ・グリーン調達（グリーン成長を実現するため、市の共同購買契約に環境要件を付加する） ・職員への働きかけ（市の職員に環境や気候変動に関する意識を高めるための訓練を実施） ・エネルギー効率の高い街灯への転換

表1　コペンハーゲン2025気候プランの目標と優先事項（出典：CPH2025 CLIMATE PLAN）

財務面を考慮する。

③グリーンモビリティ

２０２５年までにグリーンモビリティを推進する。特に自転車道の開発、電気自動車や水素自動車の利用、公共交通機関の開発、ＩＴＳ（高度道路交通システム）の導入に注力する。交通に関して二酸化炭素を削減するためには、さまざまなセクターの優先事項を推進する必要がある。グリーンモビリティでスマートシティを構築することにより、渋滞の緩和、健康の享受、成長に貢献するダイナミックな都市を実現することができる。

④市当局の取り組み

コペンハーゲン市自身が実証を行うことで具体的な事例をつくれる。市が所有する施設でのエネルギー消費の削減、街灯のエネルギー消費の削減、市の所有車の電気自動車・水素自動車への転換などである。また市当局がグリーン技術を選定するための政策変更や行政業務でエネルギーや環境に配慮した新しい基準を設定することなどである。

◇ＣＰＨ２０２５気候プランにおけるスマートシティ

ＣＰＨ２０２５気候プランはスマートシティの構想も含んでおり、むしろ同プランを展開すれば、自然に環境に配慮したスマートシティを確立することができるとも言える。プランの中でデンマークらしいことは、コペンハーゲンがスマートシティに移行することは、エネルギー資源の消費を削減しながら「使い勝手の良い都市」を開発することと、包括的なアプローチをとるということだ。

ここでは、CPH2025気候プランに挙げられた、スマートシティに関連するいくつかのソリューションを紹介したい。

①デジタル・インフラストラクチャー

デジタル・インフラストラクチャーによってエネルギー消費のモニタリング（特に建物のエネルギー消費量の管理）を行う。公的なエネルギー消費データへのアクセスは新しいサービスの創出を促し、市民および企業に利益をもたらすことになる。市はパートナーを組む企業と協業し、オープンなデジタル・インフラストラクチャーを構築し、革新的なソリューションを生みだす。近い将来、市内の建物のエネルギーと水の消費量はリモートメーターで管理されることになり、デジタル・インフラストラクチャーで最適化することができるようになる。

②エネルギーの柔軟な消費とスマートグリッド

デンマークのエネルギー供給は近い将来、より多くの再生可能エネルギーが系統に流入することになる。そうなった場合、フレキシブルなエネルギーの需給調整が必要となり、スマートグリッドが重要な役割を果たすことになる。また、スマートグリッドにより、市民、企業、市が再生可能エネルギーを選択して利用する機会も増えることになる。また、市は保有している電気自動車の再充電を確実にするための施策も立ち上げている。加えて冬季の地域熱供給のエネルギー生産を最小化するためにエネルギー会社と柔軟に対応できる熱システムの調査も続けている。

③スマートビル

ＩＴ技術によって高度化されたスマートビルはエネルギー効率、柔軟性とエネルギー管理など複数領域にわたる要素を含んでいるため、まず市が保有する建物で検証することが必要となる。

④スマートＣＰH_2

コペンハーゲンのＣＰＨと水素のH_2を掛け合わせた水素プロジェクト。風力発電の余剰電力で生産された水素を交通のエネルギー問題の解決に活用するデモンストレーションプロジェクトが始まっている。水素に注力するのは、少しでも交通に関係する二酸化炭素の排出量を削減するために、有効なソリューションの一つだと考えられているからだ。

⑤クルーズ船へのオンショア電気の供給

コペンハーゲンのクルーズ船は人気であるが、電気はクルーズ船がドックに係留されている間エンジンで発電して供給されており、騒音と大気汚染、石油の消費により二酸化炭素の排出が問題となっていた。ノーハウン・エネルギーパートナー社（Nordhavn Energy Partners）はこれらの問題に注目し、陸上で発電したオンショア電気を供給して環境問題を解決することを予定している。スマートシティの議論からすると、かなり局所的な取り組みだが、こうした小さな領域にも焦点を当てて取り組んでいることがデンマークらしいと言える。

❖最先端の地域熱供給

地域熱供給は、「CPH2025気候プラン」を達成するための重要なエネルギーシステムである。地域熱供給は日本ではあまり知られていないが、熱導管を通じて、地域の住宅・施設に熱を送り、暖房・給湯に利用するシステムだ。日本と異なり、夏涼しく冬寒いデンマークでは、暖房のための熱の有効利用が重要である。コペンハーゲンでは、1903年から1979年にかけて発電所、廃棄物焼却施設の排熱を利用することで地域熱供給システムが展開された。現在デンマークでは、家庭の約64％が地域熱供給に接続されており、コペンハーゲンに至っては98％の接続率となっている。

この地域熱供給の特徴は、部屋ごとの個別暖房、給湯とは異なり、エネルギーシステムの中でその時々で最適なエネルギーを利用することにより、消費者は石油、石炭、天然ガスなどエネルギー価格の変動で暖房費が左右されるリスクを軽減することができる。

また、二酸化炭素の排出量削減や輸入化石燃料に依存することからの脱却、持続可能性の実現などSDGsのような社会的目標を設定することも容易になる。

デンマークで地域熱供給システムが普及した要因はいくつかあるが、一つは1920年代に地域の発電設備の余剰熱を利用し、熱電併給（コージェネレーション）システムが都市部に展開されたことだ。特に1970年代初頭までデンマーク人のエネルギー消費量は増加基調にあったが、1973年のオイルショックをきっかけに日本と同様、省エネルギーの重要性が広く認識され、燃料効率の点で熱電併給の地域熱供給システムがデンマーク全体で展開されたことが挙げられる。

たとえば、日本でもバイオマス発電のプロジェクトが進んでいるが、発電のみで熱を利用していないため、大型のバイオマス発電でも発電効率は20%前後と言われている。これを熱電併給プラントとして使えば、エネルギー効率は80〜90%まで向上する。

デンマークで地域熱供給システムが普及した二つめの要因として、政府による普及のためのコミットメントと規制プロセスなど具体的な政策の効果が挙げられる。デンマークでは1979年に熱供給法が制定されたが、それまでは日本のように小型の灯油ボイラーや個別の暖房システムが利用されていた。そのため政府は、地域熱供給システムのビジョンや政策の方向性は定めるものの、具体的な地域熱供給プロジェクトの計画と導入は自治体に権限を付与し、自治体が地域の特性を活かしながら主体的に導入できる体制にした。

地域熱供給システムは、地域の熱エネルギーの利用形態、特に地域社会の経済的な費用対効果に依存し、そのための投資分析や運用面での詳細な事前評価が不可欠となる。したがって自治体が権限を持って事業化を行うことでリスクを軽減しながらプロジェクトを推進することが可能となる。

デンマークで地域熱供給システムが普及した三つめの要因として、政府が推進するエネルギー計画とも連動した持続可能性の実現が挙げられる。地域熱供給システムの特徴は、多様なエネルギー源を利用できることである。デンマークで普及している風力発電などの変動的な電力、工場から排出される余剰熱、廃棄物処理発電での排熱を利用するなど、非常に多様な選択肢がある。

加えて、デンマークでは洋上風力発電の拡大で、余剰電力が問題となっているが、熱電併給プラントの蓄熱槽に熱として貯蔵することで有効活用することができるようになる。電力を平準化させるスマートグリッドと共に効果的なエネルギーシステムを確立することができるわけだ。

一般的には、熱供給システムでは、高温水より低温水の方が、①送熱ロスの低減、②送熱用の断熱パイプの耐用年数を長くできる、③多様な熱源を利用できるなどのメリットがある。
①送熱ロスについては、断熱パイプ内の温度と外気温に差があると損失が大きくなるため、断熱パイプの温度を下げることで極力エネルギー効率を高めようという目的だ。同様に、②断熱パイプの耐用年数を長くして長期間利用することが可能となり投資コストを低減することができる。③多様な熱源の利用は、供給温度の低温化で、工業から排出される余熱の活用が進むこと、風力発電や

太陽光発電の安価な余剰電力を利用した蓄熱により、夏に貯蔵された熱エネルギーを冬に消費することが可能となる。つまり、季節間蓄熱である。

コペンハーゲンのスマートシティでも、地域熱供給が都市の熱エネルギーの効率的な利用に貢献するため推進されている。継続的に人口が増加し熱需要が高い過密地域では、個別暖房より、地域ごと温めるシステムの方が効率的である。

課題としては、地域熱供給システムのインフラを整備するには多大なコストがかかること。日本で地域熱供給がなかなか普及しないのも導入費用の捻出方法に妙案がないことも関係している。しかし、いったん導入してしまえば、運用コストと環境に与えるインパクトを大幅に低減させることができ、コペンハーゲンではその効果が出ている。

広域コペンハーゲンの地域熱供給は、180km の熱導管で熱を供給する会社、シーティーアール（CTR）、ヴェクス（VEKS）、ベスタフォーブランディング（Vestforbraending）の3社と、21の事業体により実施されている。加えてフォファ社（HOFOR）が全システムの20％を蒸気システム（蒸気を利用する地域熱供給のシステムの一つ）でカバーしているが、これは2022年までに地域熱供給に置き換えられる予定である。

地域熱供給システムは、第1世代から現在は第3世代が主流となり、第4世代の実証と導入が進展しつつある。第1世代は蒸気ベースのシステムで200℃の高温蒸気を供給していたが、第2世代は100℃以上の加圧した高温水、第3世代で80℃前後の中温水、第4世代では50～60℃の低温

世代	1G	2G	3G	4G
年代	1880－1930	1930－1980	1980－2020	2020－2050
供給温度	＜200℃	＞100℃	＜100℃	50－60℃ （70℃）
システムの特徴	蒸気ベースのシステム、コンクリートベース	加圧した温水、大規模施設	断熱パイプ、コンパクトなサブステーション、計測とモニタリング	低いエネルギー需要、スマートエネルギー、双方向地域熱供給
エネルギー効率	低レベル	低レベル	中レベル	高レベル

表2　地域熱供給の変遷（出典：オールボー大学、ダンフォス地域熱供給資料より作成）

水を供給している（表2）。

コペンハーゲンの地域熱供給システムは第4世代型への移行段階にあり、熱は廃棄物焼却施設と発電所で効率的につくられている。広域コペンハーゲンでは、7500万㎡分の熱を供給し、年間の熱生産量は8500GWhとなっている。

さらに、最近コペンハーゲンで進められているのが地域冷房だ。温暖化の影響か、デンマークでも7月に30℃近い気温になることもあり、冷房の需要が高まっている。コペンハーゲンでは海水を利用した冷却システムを利用しており、主に商業施設から利用され始めている。すでに地域冷房システムを導入することで、個別の冷房と比較して二酸化炭素の排出量を70％削減し、総コストの40％削減を実現している。

そして、今後は以下の展開が計画されている。

・熱電併給プラントの燃料は石炭、天然ガスから、ワラや木質チップに移行

・合計1000GWh以上の熱量を、個別のガスボイラーから地域熱供給システムに切り替える
・地域冷房システム数を冷水貯水、冷温水のコージェネレーション、季節貯蔵（ATES）など地域熱供給との共存により5カ所から20カ所に拡大
・変動する風力発電を補うために、より大きなヒートポンプや電気ボイラーを設置
・需要側の設備を更新し、供給される湯を効率的に利用し、戻り湯の温度低下を実現し、熱供給網内の低温度化を実現し、熱損失を低減させる

地域熱供給は日本での検討も始まっているものの、エネルギーシステムの違いや熱・冷房需要の違いから、まだ本格的な導入に至った事例は少ないが、札幌市がコペンハーゲン市の事例を研究し、2018年3月に策定した「都心エネルギーマスタープラン」で地域熱供給を利用したスマートシティづくりを進めている（7章参照）。

❖DOLL（デンマーク街灯ラボ）と都市照明

◇グリーンエコノミーを推進するゲート21

コペンハーゲンは、スマートシティを構築する上でLEDを利用した高度な照明システムにも力を入れている。LEDを利用した高度な照明システムは、都市で約50～80%ものエネルギーを節約できるとの調査結果がある。コペンハーゲン市も過去に行った調査で、蛍光灯など既存の街灯

をＬＥＤによる高度な照明システムに入れ替えると、約60％のエネルギー費用の削減ができるとの調査結果が出た。こうした調査結果から、コペンハーゲンではＣＰＨ２０２５気候プランと連携したスマートシティ施策の中でスマートな都市照明が推進されることになった。

また、街灯柱はスマートシティのインフラとしてとても都合が良い。街灯は都市全体に敷設されているので、この街灯柱にセンサー、通信インフラを設置すると、たちまち広域に対応したスマートシティインフラをつくることができるわけだ。

ＤＯＬＬ（デンマーク街灯ラボ、後述）など都市のスマートインフラを推進するために、コペンハーゲンの各自治体、企業、研究機関が連携して「ゲート21（Gate 21）」という非営利のパートナー組織を立ち上げている（図５）。

ゲート21のパートナーには、コペンハーゲン市をはじめ周辺の自治体、大手通信会社のＴＤＣ、洋上風力発電のアーステッド（Ørsted）、エンジニアリング会社のランボール（RAMBOLL）、フォファ（ＨＯＦＯＲ）など主要な地域熱供給会社、外資であるＩＢＭやシスコなども参加している。そしてデンマーク工科大学（ＤＴＵ）、デンマーク技術研究所（ＤＴＩ）、オールボー大学（Aalborg Univeristy）などの大学や研究機関が参加している。これはまさしくトリプルヘリックス（産官学連携、６章参照）を体現するプロジェクトである。

ゲート21のミッションは、パートナーの企業や研究機関と協力し、リビングラボでテストしたり、現場での実証プロジェクトを通じてエネルギーや資源効率化に関係するソリューションを開発

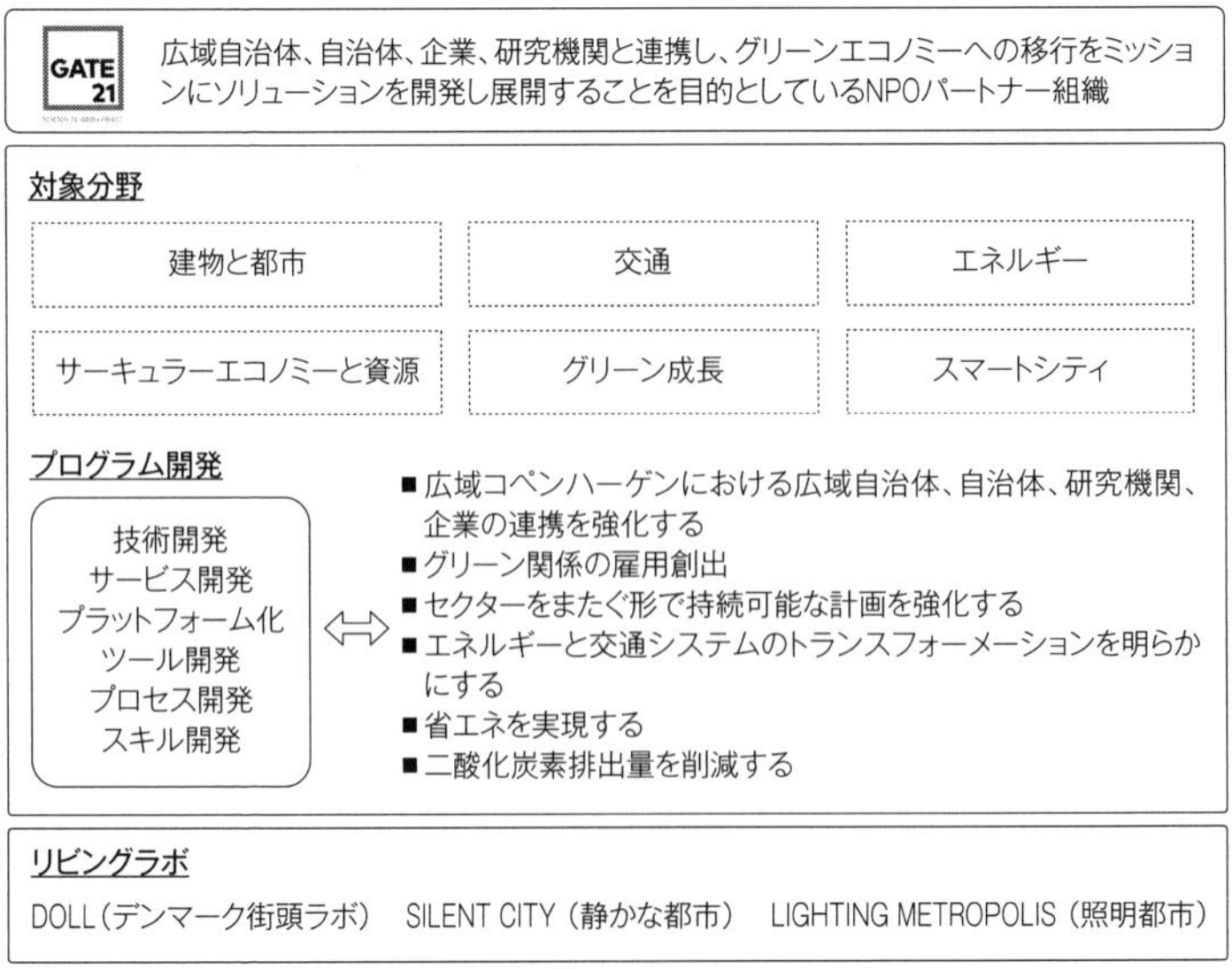

GATE 21
広域自治体、自治体、企業、研究機関と連携し、グリーンエコノミーへの移行をミッションにソリューションを開発し展開することを目的としているNPOパートナー組織
対象分野
建物と都市
交通
エネルギー
サーキュラーエコノミーと資源
グリーン成長
スマートシティ
プログラム開発
技術開発
サービス開発
プラットフォーム化
ツール開発
プロセス開発
スキル開発
■広域コペンハーゲンにおける広域自治体、自治体、研究機関、企業の連携を強化する
■グリーン関係の雇用創出
■セクターをまたぐ形で持続可能な計画を強化する
■エネルギーと交通システムのトランスフォーメーションを明らかにする
■省エネを実現する
■二酸化炭素排出量を削減する
リビングラボ
DOLL（デンマーク街頭ラボ）　SILENT CITY（静かな都市）　LIGHTING METROPOLIS（照明都市）

図5　ゲート21（出典：ゲート21ホームページをもとに作成）

することであり、次の6領域が注力分野となっている。

・建物と都市
・交通
・エネルギー
・循環経済と資源
・グリーン成長
・スマートシティ

そしてプロジェクトを通じて、グリーンエコノミーへの移行を促進する事業機会を見出すための新技術、サービス、プラットフォーム、ツール、プロセス、スキルを開発して支援することを目指している。

具体的には次のような活動に取り組んでいる。

・広域コペンハーゲンにおける自治体、研究機関、企業の協力関係を強化する

・グリーンエコノミー関係の雇用を確保する
・グリーンエコノミー関係の技術を強化する
・複数セクターにまたがる持続的な計画を推進する
・エネルギーと交通システムのグリーン・トランジションを推進する
・省エネルギー社会を実現する
・二酸化炭素排出量を削減する

産官学のしくみをつくるだけではなく、コンソーシアムにさまざまなノウハウ、知見、方法論を蓄積することが目的なのだ。

◇DOLL（デンマーク街灯ラボ）

DOLL（Denmark Outdoor Lighting Lab、デンマーク街灯ラボ）は、スマートシティで新しい技術やソリューションを開発するためのプラットフォームとして、2013年にコペンハーゲン近くのアルバーツルンド市に設立された（図6）。技術の進化が早い現代において、自治体などの公的機関が最新情報を集め、その地域に最適なソリューションを選定することは容易なことではない。

DOLLでは、都市照明に関する世界中の先端技術とソリューションを見ることができる。地元の大学や研究機関も関わっているので、先端技術だけでなく各地域に特化した技術展開も可能となる。

また、DOLLには世界の照明ベンダー（製造販売会社）やIT企業が参加しているので、異

展開されるスマートシティ・ソリューション

- ■スマート廃棄物&水道管理
- ■スマート計測（メータリング）
- ■スマート駐車場管理
- ■スマートバス、スマート公共交通
- ■スマートバス停
- ■スマートキオスク
- ■交通トラフィック&交通事故管理
- ■公共交通&都市間交通管理
- ■街灯管理
- ■スマート交通照明管理
- ■スマートゴミ収集管理
- ■除雪管理
- ■橋&高架橋安全管理
- ■ビデオによる公共安全管理
- ■都市セキュリティ
- ■スマート都市環境センサー
- ■スマート労働センター
- ■消火栓用水圧管理
- ■患者向け在宅モニタリング
- ■スマートビルエネルギー管理
- ■観光アプリ&サービス

図6　DOLL（デンマーク街灯ラボ）（出典：DOLL Living Labホームページをもとに作成）

DOLLの実証実験（©DOLL）

なるベンダーの技術を比較検討することもでき、スマートシティ向けの先端都市照明に関するソリューションはＤＯＬＬを訪問すれば解決できる。

このようなプラットフォームの形成は、デンマークが得意とするところだ。少ない予算、人材、資源を有効活用するために特定の場所に必要な資源を集積させて、その分野で世界でもトップクラスの技術開発、実証、社会実装を行うという手法である。

ＤＯＬＬは、ＤＯＬＬリビングラボ、ＤＯＬＬクオリティラボ、ＤＯＬＬバーチャルラボという、三つの研究所から構成されている。

①ＤＯＬＬリビングラボ

新しいＬＥＤ都市照明とスマートシティのソリューションを開発するための欧州で最大のリビングラボ。アルバーツルンド市の産業パーク内にあり、照明、管理システム、スマートシティ・ソリューションの実証を実物大のスケールで行うことができる。

二酸化炭素の排出量を調べるセンサーが組み込まれたLED照明（©DOLL）

②ＤＯＬＬクオリティラボ

ロスキレ市のデンマーク工科大学フォトニクス（光学部）内にあり、スマート都市照明の製造業者や購入者の依頼で、ＬＥＤ照明のテストや品質測定、報告書作成などを提供している。

③ＤＯＬＬバーチャルラボ

こちらもデンマーク工科大学フォトニクスにあり、開発初期段階での光の分散効果、反射や光量などを可視化するために３Ｄシステムで再現する技術を提供する。

なかでもＤＯＬＬリビングラボは近年、都市照明だけでなく、スマート都市照明のインフラを利用したスマートシティ・ソリューション開発に力を入れている。

・デジタルインフラ

実証用にWiFi、LoRa WAN、Sigfox、ＵＮＢ、ＮＢ-ＩｏＴ、５Ｇなどさまざまなワイヤレスネットワークを完備しており、都市のネットワーク環境に合わせたデジタルインフラを選定して実証することが可能。

・街灯

高度化した街灯システム、照明管理システム、組込み型スマート技術の開発と実証。

・駐車とモビリティ

主要都市で渋滞要因の一つである駐車場探しをなくすため、駐車場誘導システムの開発、自動運転の実証。

・廃棄物管理

デジタルセンサーを利用することでゴミの収集場所や収集時間を解析し、固定化されたゴミ収集スケジュールを柔軟なものに変更するシステムを開発。

・環境モニタリング

大気の質、騒音、気温などをリアルタイムで測定し、最適な都市インフラを構築するシステムを開発。

❖フィンテック

◇キャッシュレス化が当たり前の社会

デンマークでも最近、フィンテック（FinTech）がコペンハーゲンを中心に盛り上がりを見せている。フィンテックはアメリカ、シンガポールなどが力を入れており、欧州ではイギリスが国際的なフィンテックセンターとしての役割を担うべく台頭している。

フィンテックの基盤はＩＴプラットフォームとデジタル化に依存しているので、デジタル化先進国のデンマークでフィンテックが進展するのは当然と言える。

もう一つ、コペンハーゲンでフィンテックが進展している背景は、今や多くのデンマーク人の日常生活が現金決済ではなく、クレジットカード、デビットカード（デンマークではダンコート(Dankort))、そしてスマートフォンによる電子決済、モバイルペイメントの普及が加速していることがある。

モバイルペイが普及し、キャッシュレス化が進むコペンハーゲン

デンマークではアメリカのアップルペイ(Apple Pay)はあまり浸透していない。それは北欧では独自のモバイル電子決済アプリケーションのモバイルペイ(Mobilepay)が大きなシェアを有しているからだ。そして、今や若者だけでなく高齢者もモバイルペイを利用していて、日常生活ではほとんど現金を使わない生活スタイルになっている。

知りあいのデンマーク人が子供にお小遣いを渡そうとしたら、紙幣での受け取りを拒否されて、モバイルペイで送って欲しいと言われて困惑したと話していた。さらに、小学生の子供がいる親から聞いた話によると、デンマーククローネ紙幣すら知らない子供が増えていて、紙幣や硬貨というものについて教えなければならない時代になったそうだ。

相変わらず現金社会の日本では考えられないことだが、将来中国も含めてキャッシュレスが普及している国に旅行する場合には、クレジットカードとモバイルペイメントの登録が必須になるかもしれない。ちなみに筆者も毎年デンマークに出張しているが、ここ3年間現金を持参したことがない。デンマークでは、中央銀行も2015年から紙幣と硬貨を国内で発行しておらず（貨幣の鋳造と紙幣の発行を他国にアウトソース）、2030年までに紙幣や硬貨を廃止し、小売を含めてすべての商取引で現金通貨からキャッシュレスへの移行を進めるなど、世界初の完全なキャッシュレス国家を目指している。

こうしたキャッシュレスの環境と国家のデジタル化政策が融合する形で、コペンハーゲンでフィンテックが進展してきた。デンマークのフィンテックで最も大きな分野はデジタル決済であり、モバイル決済、国境を超えたピアーツゥピア決済（個人間送金）、デジタル商取引などが主流となっている。

◇コペンハーゲン・フィンテック

コペンハーゲンでフィンテックを支援するクラスターとして「コペンハーゲン・フィンテック（Copenhagen FinTech）」がある（図７）。前身は２０１４年に設立された「コペンハーゲン・フィンテック・イノベーション・リサーチ（ＣＦＩＲ）」と金融ＩＴの「イノベーションネットワーク（The Innovation Network for Finance IT）」というＮＰＯ組織であり、デンマークの金融ＩＴ開発促進とフィンテック・クラスターを強化するために立ち上げられた。

ＣＦＩＲはフィンテック分野において研究、イノベーション開発・教育を担い、フィンテックに関するプロジェクトを主導した。参加企業はＣＦＩＲが蓄積した知見にアクセスすることが可能で、具体的なフィンテックプロジェクトの仲介、人材を含めたリソースの獲得、大学や研究機関との研究開発、協業などの機会を得ることができた。

しかしその後、２０１６年に「コペンハーゲン・フィンテックラボ（Copenhagen FinTech Lab）」によるフィンテックのスタートアップ向けのインキュベーション設備が開設されるなど、コペンハーゲンにおけるフィンテック・エコシステムの環境が整ったこともあり、同年９月にＣＦＩＲから発展的に「コペンハーゲン・フィンテック」という新組織として設立された。

コペンハーゲン・フィンテックの目的は、コペンハーゲンでフィンテックのエコシステムを展開し、グローバルな金融サービス産業で主導的なフィンテックラボを形成すること、そしてデンマークの経済成長につなげることである。フィンテックの事業家、既存の金融機関、公的機関そして大学などの研究機関がビジョンを共有し連携するエコシステムを形成している。

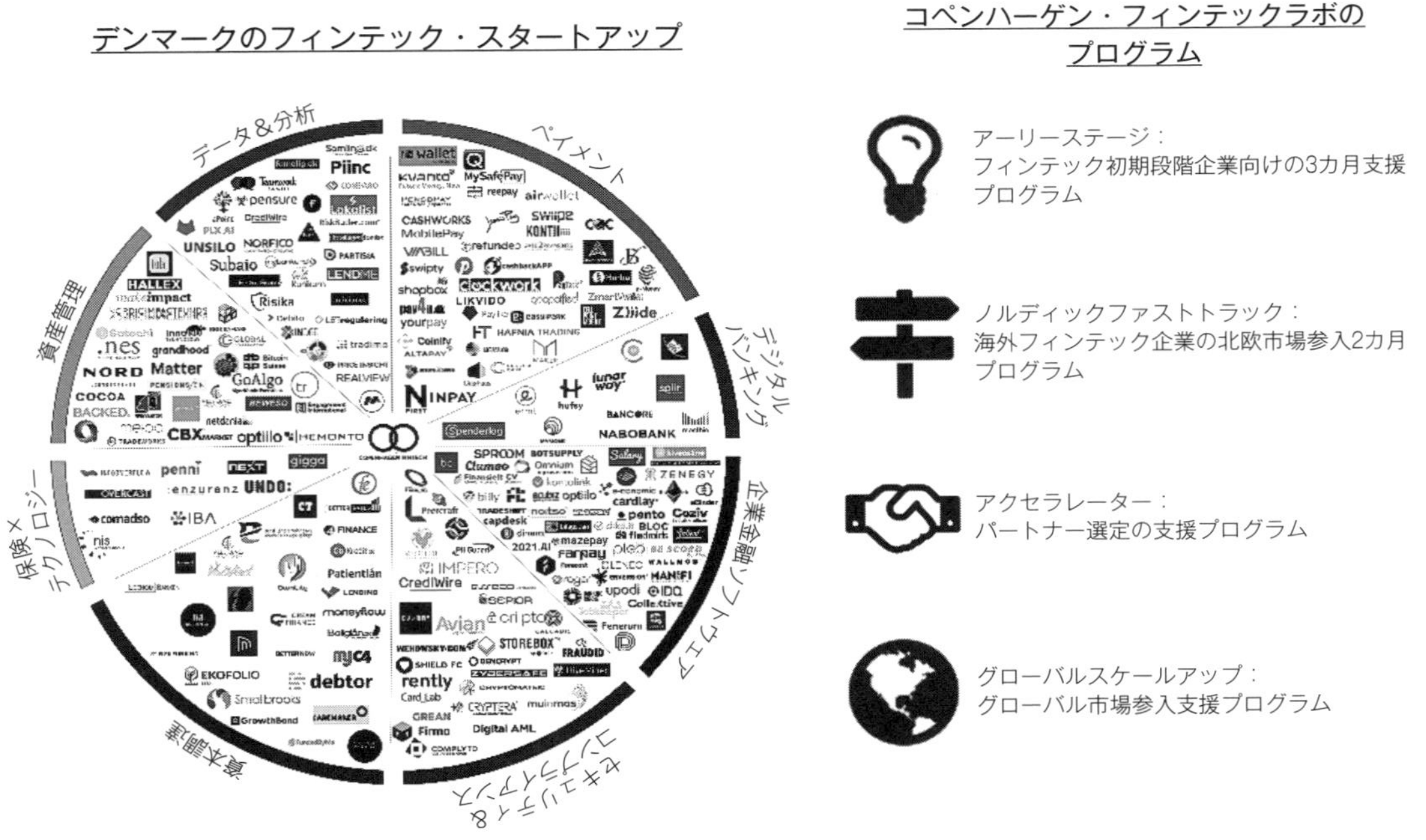

図7　コペンハーゲン・フィンテック（出典：Copenhagen FinTech Version：1.3）

コペンハーゲン・フィンテックの主な活動は次の通りである。

・フィンテック・プレーヤーの事業活動を促進
・ベンチャーに投資するリスク資本へのアクセス
・活発なフィンテック・スタートアップのコミュニティを形成
・フィンテック・ハブとしてのブランド形成
・政治的支援と規制への対応
・優秀な人材へのアクセス

コペンハーゲン・フィンテックの具体的なサービスとしては、参加を希望している機関向けのメンバーシップモデル、フィンテックの事業家向けに共同ワーキングスペースを提供するフィンテックラボ、デンマークのフィンテックラボのエコシステムを強化し、成長のために海外の市場とつなぐこと、そしてイノベーション・ネットワークの形成である。

イノベーション・ネットワークが注力している領域は次の五つである。

・フィンテック起業家の育成
・サイバーセキュリティ
・デジタルプロセス
・支払い・プラットフォームとしての使いやすさ
・金融工学

このイノベーション・ネットワークはコペンハーゲン大学、デンマーク工科大学、研究機関など13のパートナーが参加しており、研究開発やプロジェクトなどを通じてエコシステムの形成を支援している。大学などの研究機関が参加している意味は、リーマン・ショックなど金融危機の反省を踏まえ、フィンテックのエコシステムに関わる利害関係者すべてに便益をもたらすために、金融事業者とは異なる中立的な立場で技術や研究成果を提供するためである。

金融産業でも、6章で紹介するトリプル・ヘリックス（産官学連携）に通じるシステムを導入している。

❖スマートシティの実験場、ノーハウン

ノーハウン（Nordhavn）は、古くて新しい街である（6頁写真）。約150年前、1850年代からコペンハーゲンの港湾地区として開発が進んだ。第二次世界大戦後、船の大型化と高速化に対応するために、ノーハウンも拡張されたが、1970年以降は航空貨物の発展により、港湾地区の産業活動も減少し、現在は地区の半分しか利用されていない。

一方、コペンハーゲンは都市化に伴い人口が増加している。コペンハーゲンは世界で最も住みやすい都市としても評価されているが、2027年には2017年比で約15％の人口増加が予測されている。港湾産業の斜陽化、都市の人口増加、快適な住環境の提供、アクセスの良い新交通システ

スマートシティ開発が進むノーハウン地区

ム、先進的なスマートシティの展開、これらの問題を同時に解決できる場所として、ノーハウンが新都市開発の候補地として選定され、2005年デンマーク政府とコペンハーゲン市がノーハウン地区の再開発で合意した。ノーハウンは今後25年かけて開発が行われ、最終的には港湾産業地区から4万人が暮らす現代的な居住地区とビジネス地区が併存する、コペンハーゲンの新たなウォーターフロントとなる予定である。

◇ノーハウンのビジョン

ノーハウンのビジョンは、スマートシティのビジョンと同期しており、この地区をコペンハーゲンにおけるサステイナブルな都市開発の象徴とすることを目指している。

それを達成するために六つのビジョンを設定している。これらには地域の持続可能性に加えて、多様性、快適性、人間中心の考え方が組み込まれている。

①環境に配慮した都市
再生可能エネルギーの活用、新しいエネルギー供給システムの導入、資源の最適な利用、環境にやさしい交通モデルなどにより、ノーハウンがサステイナブルな都市開発と環境配慮型ビルなどの領域で先駆的なモデルとなる。
②活気に満ちた都市
市民1人1人の自由な活動、幅広いカテゴリーのショップ、文化施設、スポーツなどで多様性に満ちた都市環境をつくる。都市空間と自然が近いことが市民に満足感をもたらす。
③すべての人のための都市
すべての市民に開かれたエリアで、多様なタイプの住宅や都市機能が統合して提供される。住民や来街者とのコミュニケーションが地域開発の中心的要素となる。
④水の都市
すべての市民がウォーターフロントで楽しめる機会を提供する。家、カフェ、ショップなど、地区のどこでも、市民は水を利用することができる。埠頭地区や海岸線を市民にアクセスしやすくする。
⑤ダイナミックな都市
新しく独創的な活動を喚起する地域となる。幅広い研究機関、ショップが集まり、新しい雇用の機会を提供し、国際的なナレッジセンターとしての重要性を強化する。
⑥グリーン交通の都市

自動車ではなく自転車、公共交通機関、徒歩による、サステイナブルな交通を重視する。

スマートシティを包括的に捉え、地域の経済や産業の発展だけでなく、持続可能性を実現しながら、都市の主人公である市民に焦点を当て、豊かな都市設計を実現するための哲学と理念が、このビジョンの中にしっかりと組み込まれている。

◇ノーハウンの開発戦略

そして、ノーハウンをスマートシティにするための開発戦略として六つのテーマが掲げられている（図8）。これは、ノーハウンの開発で最も重要な要素とされ、未来の都市開発を実現する上で強固で柔軟なフレームワークであるとともにノーハウンのビジョンを体現するものとなっている。

①島と運河

ノーハウンを拡張する際、単に埋立地を増やすのではなく、小島をつくりそこに小さな運河を設けて、市民がウォーターフロントを楽しめるようにコンパクトな都市づくりを目指している。ちょうどイタリアのヴェネチアをイメージしたスマートシティだと考えるとわかりやすい。

②アイデンティティと歴史

ノーハウンの歴史に敬意を払い港湾地区として発展してきた特徴を活かした開発を行う。こうし

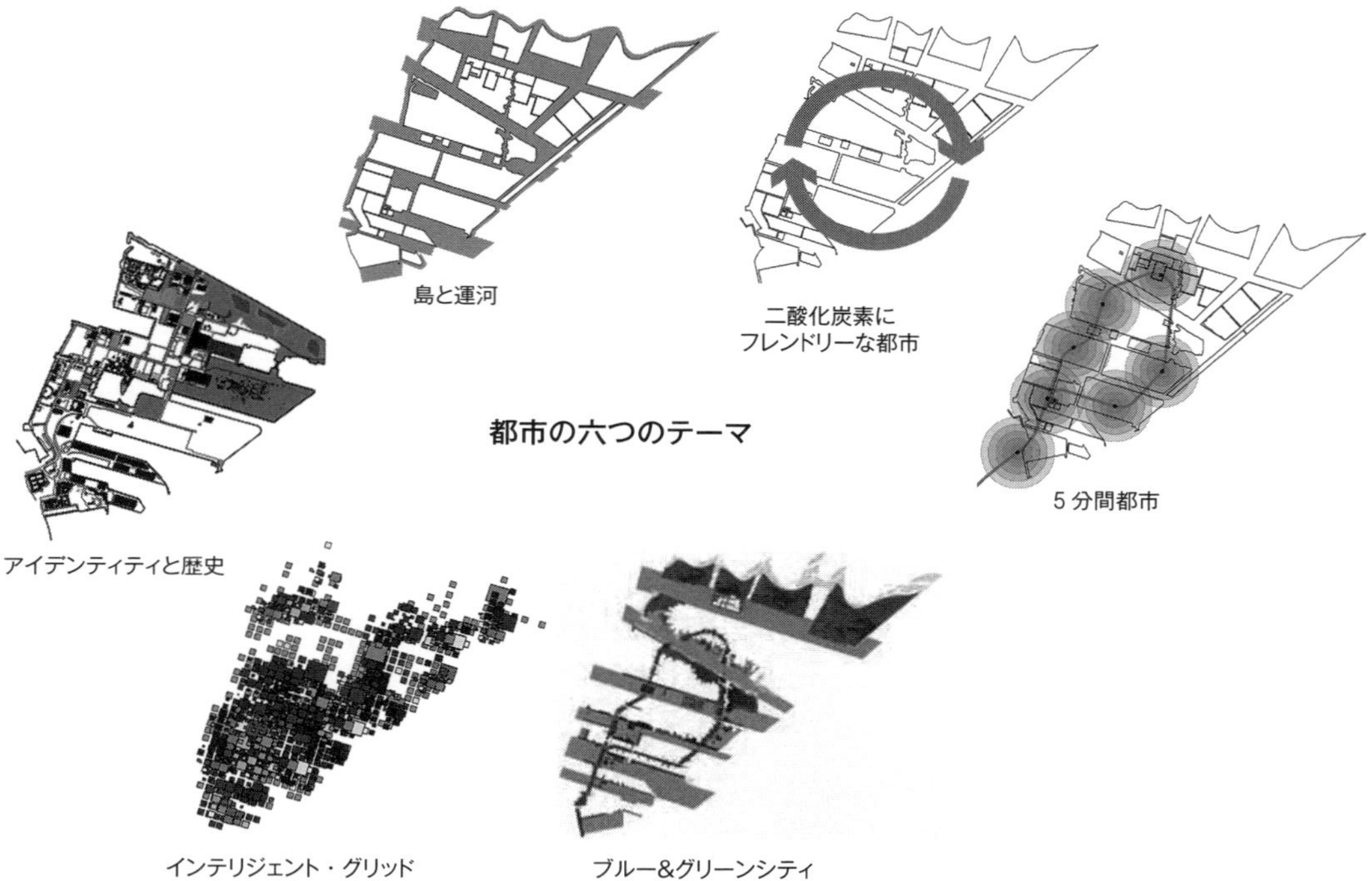

図 8　ノーハウンの六つの開発戦略（出典：Nordhavnen Urban Strategy）

たアプローチを採るのもデンマークらしさだ。デンマークは日本のように自然災害が少ないので、築100年以上の建物が多く残っている。そのため、日本のように大震災や空襲で焼け野原になった土地をゼロから復興させるのではなく、歴史的建造物を有効活用する方法を採る。ノーハウンも150年にわたる港湾施設としての歴史的な意義を問いながら開発を行う予定である。

たとえば、港で利用していたクレーン、サイロ、倉庫群などはノーハウンの遺産であり、現在も利用されている。そうした過去の遺産と現在使われている施設を融合させて、その土地に新しい価値をもたらす。

③5分間都市

人が5分間で歩ける距離が平均400mであることから、ノーハウンでは、徒歩や自転車での移動を楽にするために「5分間都市」の原則を大切にしている。自宅、職場、公共交通機関、自転車道、緑地、区役所などの公的機関、商業施設が短い距離で移動でき、徒歩か自転車で行くことができるような、コンパクトで高齢者にもやさしい街を実現する。

最終的に目指していることは、市民の移動の3分の1が自転車利用、3分の1が公共交通機関の利用、そして自動車の利用は3分の1を超えないようにするというものだ。

④ブルー&グリーンシティ

ノーハウンは運河、海岸線、池など水がすぐ近くにあり、地区の角には必ず緑地帯が設置されており、ブルーとグリーンの都市計画が効いている。ノーハウンでは市民が水と直接触れあうことを重視しており、そのための階段、遊歩道、海岸、桟橋などの仕掛けが設置される。

日本でもウォーターフロントの開発が行われているが、水に直接触れられるようになっているところは少ない。むしろ万が一の事故に備え、市民はウォーターフロントの景観は楽しめるが、水には近づけないように設計されている場合が多い。

こうした水辺へのアクセスの処理の仕方は、自己責任の考え方が徹底されているデンマークならではのアプローチだろう。デンマークでは、子供たちにリスクをとりながら積極的に自然に触れさせ、かつ危険も体験させるという教育が行われていることも関係している。

⑤二酸化炭素にフレンドリーな都市

ノーハウンはデンマークの「エネルギー戦略2050」、コペンハーゲンの「CPH2025気候プラン」を体現するスマートシティである。したがって再生可能エネルギーによる発電、地域熱供給システムでの暖房、海水を利用した冷房システムも導入される予定である。

エネルギー消費については、他の再開発地域と比べて圧倒的に低い水準にするべく計画されている。建物やインフラは省エネを基本とし、廃棄物の再利用、環境に悪影響を与える要素は極力排除される。また、雨水など地域に溜まった水は収集されて再利用される。この水収集システムはゲリラ豪雨時の洪水対策も兼ねており、都市の安全性も向上する。

再生可能エネルギーだけでなく、利用できる技術を徹底的に導入する貪欲さもデンマークらしい特徴だ。

⑥インテリジェント・グリッド

インテリジェント・グリッドとは、エネルギー系統のグリッドのことではなく、ノーハウンの小島をマス目のように分割し、柔軟なビルディングゾーンとして設定している。そしてこのマス目をさらに小分けして、その時々のニーズに対応できるように設計している。もし将来問題が生じた場合は、そのマス目ごとに変更すればよいので、大規模な全体設計の変更を行わないでプロジェクトを継続することができるようになる。

デンマークの政策で特徴的なのは、長期の計画を立てる場合に将来の予見できない事態も想定して、ダイナミックかつフレキシブルなシステムを当初から組み込んでいることだ。未来に想定外のことが生じた場合でも、迅速に方向転換できるようなしくみを考えている。これは資源も資金も限られている小国の知恵だろう。

3 オーフスのスマートシティ

オーフス市はユトランド半島の東に位置し、人口は約34万人（2018年）、デンマークで二番目に大きな都市である。日本の自治体では群馬県前橋市や東京都中野区とほぼ同じ規模だ。

オーフス市でも、首都コペンハーゲンと競争する形でスマートシティを推進している。コペン

スマートシティを推進するオーフス（出典：Smart Aarhusホームページ）

ハーゲン市は２０２５年に世界初のカーボンニュートラル首都を実現するためにスマートシティに取り組んでいるが、オーフス市も２０３０年にカーボンニュートラルの都市をつくり、ＩｏＴなど先進技術を活用して住みやすいスマートシティをつくるという目標は共通している。さらに、オーフス市では伝統や文化を尊重した取り組みやヘルスケアや福祉に関するプロジェクトもスマートシティの取り組みに含まれている点が特徴的である。２０１７年オーフス市は欧州文化首都として選定されたことも、スマートシティと文化の融合に一役買っている。

❖スマート・オーフス

◇スマート・オーフスのビジョンと目的

オーフス市が２０１５年から進めるスマートシティ・プロジェクト「スマート・オーフス（Smart Aarhus）」のビジョンは、パートナーシップに基づいた都市開発のための北欧モデルを国際的に主導することである。オーフス市はこれを、アメリカやアジアの取り組みとは異なる第三のアプローチであるとしている。デジタル技術の功罪を理解した上で、持続的成長とイノベーションを実現する。そして、異なる利害関係者を巻き込みながら社会に価値をもたらし、社会、環境そして経済の課題を解決するというものだ。

スマート・オーフスの目的は、次の通りである。

①社会的課題の解決

都市が抱える問題は複雑化し、資金、人材、その他の資源不足から従来のやり方では解決することが難しいので、新しい持続可能なソリューションを開発して取り組む必要がある。

②デジタル・エコノミーを強化し、新たな雇用を創出

スマート・オーフスは単に最新の技術でスマートシティをつくることだけでなく、成長を導くためにデジタル・エコノミーの環境を整えて、オーフスの市民に新しい雇用の機会を提供することを目指している。

これらの目的を達成するためにオーフス市が重視しているのが、多様な利害関係者との連携だ。市などの公的機関、民間企業、市民が協力して問題に当たらなければ、都市が直面している複雑な

課題は解決できないからだ。さらにオーフス市は、社会的な問題を解決して、より良いスマートシティを確立するためには、行政、民間企業、市民が高いレベルの責任を担わなければならないことを強調している。多様な利害関係者が連携することは当然のことであり、その連携には責任が伴うことを明示していることがオーフスらしい。

◇スマート・オーフスのプロジェクト

スマート・オーフスでは、理念と実践を重視しており、ビジョンを具現化させるためのプロジェクトに力を入れている。プロジェクトは横断的で多岐にわたっているが、主なものは、表3の通りである。デンマークで2番目に大きな街だとしても、中野区ほどの自治体がかなり横断的な取り組みを行っている。この中から、スマート・オーフスで特徴的なプロジェクトをいくつか紹介する。

◇オープンデータ・オーフス

オーフス市はオープンデータを管理するプラットフォーム「オープンデータ・オーフス（Open Data Aarhus、ＯＤＡＡ)」を通じて、スマートシティのための膨大なオープンデータを公開している。日本でも最近、オープンデータの公開やオープンデータ取引所の動きが出ているが、オーフスでは２０１３年からこのプラットフォームをスタートさせており、これはデンマークでも最初の取り組みであった。

Internet Week Denmark	インターネット全般のイベント
Open Data Aarhus	オーフス市のオープンデータポータル
Aarhus City Lab	デジタル・スマートシティのテスト施設
TAPAS	高精度測位&自律運行システムの実証基盤
Smart Drones Aarhus	ドローンのテスト評価プログラム
IoT Forum	IoTのエコシステムを構築するフォーラム
Smart City Network	スマートシティの経験・知見などを共有するネットワーク
Narrowband Network in Aarhus	無線通信によりスマートシティ・ソリューションを具現化するプロジェクト
OrganiCity	市民主導型イノベーションとデジタル技術を統合し、持続可能性を目指す EUプロジェクト
Smart Mobility	都市交通問題を解決するプロジェクト
The IT Environmnet in Business Region Aarhus	企業と研究機関が参画した ITに関する革新的研究開発プロジェクト
Digital Neighbourhood	公的セクターが市民と連携するためのプラットフォーム
More Creative	クリエィテイブ産業の成長を支援するイニシアチブ
The Architecture Project	社会的課題を建築を通じて解決するプロジェクト
The City of Aarhus' Climate Initiative	オーフスの経済成長と持続可能性を両立させるイニシアチブ
LED Street Lights	街灯の LED化プロジェクト
Aarhus Bicycle City	自転車利用促進イニシアチブ
DOKK1	都市メディアセンター
New Center for Innovation at DOKK1	DOKK1 のイノベーションセンター
Gellerup Masterplan	ゲーラップ地区の再生プラン
CareWare	福祉とヘルスケア技術のイノベーション・プラットフォーム
Center for Telehealthcare	革新的なデジタル・ソリューションで福祉や医療サービスを改善するセンター
Basic Data Initiative	都市のオープンデータの活用を促進するイニシアチブ
NemID	国民電子署名による公的セルフサービス化
Open Government Patnership	オープンガバメントに関する 70 カ国とのパートナーシップ
Virk Data	民間企業向けのオープンデータ･オンラインプラットフォーム
Open and Agile Smart Cities	スマートシティの国際連携イニシアチブ
Smart Library	スマート図書館プロジェクト
City Park	デンマーク 5 都市間の連携フレームワーク

表3　スマート・オーフスのプロジェクト

デンマークの優位性は、前述した通り、もともと社会保障制度に力を入れている国なので、他の国では民間部門が提供しているサービスを国や自治体など公的機関が公共サービスとして行っていることだ。公共サービスを通じて収集されたデジタルデータは、公的機関が市民が暮らしやすいスマートシティをつくるために必要と判断すれば開示することができる。

オーフス市も、市民に価値をもたらすことを前提に、すべての関係者がオープンデータにアクセスできるようにしている。すべての関係者とは、ウェブ開発業者、起業家、中小企業、調査機関、市民などである。関係者も多岐にわたっており、オーフス市、中央デンマーク地域（広域自治体、Region Midtjylland、Central Denmark Region）、オーフス大学、アレキサンドラ研究所、IBMなどがワーキンググループを構成している。

ODAAは2017年12月に国が管理するオープンデータプラットフォームである「オープンデータ・デンマーク（Open Data DK）」（3章参照）にデータを移行し統合されている。そして現在ODAAはデータの活用と安全な運用について標準ガイドラインを策定するべく取り組んでいる。

◇オーフス・シティラボ

「オーフス・シティラボ（Aarhus City Lab）」はスマートシティのソリューションのテスト施設であり、ショールームでもある。

オーフス・シティラボの取り組む主な対象領域は、モビリティ、駐車場、廃棄物などのスマートシティ案件だが、前述した通り、オーフス市は文化と融合した都市開発を目指していることから、デジタル芸術文化と、関連するイベント、展示会、公聴会の開催など多岐にわたっている。

シティラボは、オープンなスマート・モビリティのエコシステムに焦点を当てたEUのプロジェクトの一部でもあり、EUの他の都市とも連携している。さらに特徴的なことは、日本と異なり、スマートシティ関係のプロジェクトに関わる企業は大手だけでなく、むしろ意図的に地元のスタートアップ企業や中小企業と連携して、彼らの提案をシティラボで展示していることだ。こうしたアプローチもデンマーク流である。また、ICT技術だけでなく、食料、健康、環境技術など横断的なテーマを取り扱っている。

◇TAPAS

TAPASは「Testbed in Aarhus for Precision Positioning and Autonomous Systems」オーフスの高精度測位&自律運行システム実証基盤」の略である。

このプロジェクトは、今流行りのスマートシティにおける自動運転システムの実証という限定的な取り組みではなく、「自動」から「自律」に範囲を拡大している。目的は、デンマーク工科大学航空宇宙部門と連携して、スマートシティのインフラがどのくらいGPSの先進技術開発に貢献できるかを検証することである。そのため、自律システムは、交通、農業、環境モニタリング分野など広範囲に及び、たとえば自動運転車や機器、ドローン、自動航行する海運など今後市場が拡大することが予想される分野まで包含している。

当初は、オーフス市中心部を取り囲むエリアや港で実証実験をする予定だが、これはあえて人口密集地や建物などの障害物がシステムに与える影響を検証するためである。

このようにオーフス市では多面的な取り組みが同時に行えることが強みの一つになっていて、他の都市では自動車の自動運転の実証は行えても、農業分野まで実証するのは難しい。オーフス市は欧州でも有数の農業クラスターもあることから、都市のスマート化プロジェクトと農業のスマート化プロジェクトを同時に行えることが特徴だ。

◇オーガニシティ

「オーガニシティ（OrganiCity）」は、市民主導型イノベーションとデジタル技術を統合し、スマートシティの持続可能性を高めるプロジェクトで、ＥＵのファンドを利用し、オーフス、ロンドン、スペイン・サンタンデールの３都市間の共同プロジェクトとして２０１４～17年に実施された。

オーフス市の都市開発ではさまざまな利害関係者を巻き込んで行うため、行政、企業、市民グループを直接プロジェクトに参画させ、都市問題を解決する手法を開発するために予算が充てられた。

このプロジェクトの目的は、いかにＥａａＳ（Experimentation as a Service、サービスとしての実証実験）を立ち上げることができるかだった。ＥａａＳは日本では聞き慣れない用語であるが、地域の問題を解決したいと考えている市民などの主体が、行政、都市問題の専門家、技術などを有している企業と一緒に小さな実験を行い、解決するためのソリューションが最適かどうかを見極めるための手法である。要するに、市民が実証実験をまるでサービスを購入するかのように利用できるシステムである。

それまでは市民が地域の問題を発見しても、行政に報告し改善を要求することしかできなかった。自治体は多くの問題を抱えているので、依頼された問題が地域全体に関わるものや優先順位の高いものでない限り取り組まない可能性もある。しかし、もし市民が自ら実証実験を行い、想定したソリューションの導入効果が明らかになれば、行政もその効果を理解して予算化を検討するかもしれない。行政も自分たちでは気がつかない問題を知るきっかけにもなるだろう。そこで、市民が主体的に問題に取り組んで、しかも専門家を招いて実証実験をするシステムを実現する可能性を探るため、ＥＵによるプロジェクトが行われたわけだ。

たとえばオーフス市では、オーガニシティのプロジェクトとして、オーフス市内で空気汚染の少ない健康的な自転車ルートを提示するプロジェクト「グリーンバイキング・ルーツ（Green Biking Rotes）」や、店舗のショールームに質問を表示する機器を貼り付けて市民の声を収集するしくみ「パブリックライク・ディスプレイ（Public Like Display）」など、さまざまな実証実験が行われた。
このオーガニシティ・プロジェクトで実際に公的サービスとして導入されたものはまだないが、市民が積極的に関わり都市問題の解決について専門家を巻き込んで実証実験まで行ったことは、将来のスマートシティのソリューション開発においてとても意義のあることである。

◇DOKK1＆オーフス市立図書館

「DOKK1（ドック1）」は市の港湾部に2015年にオープンしたオーフス市のメディアセンターだ（7頁上写真）。DOKK1にはオーフス市立図書館、カフェ、ホール、プロジェクトルームなどが入り、イノベーション、ナレッジ、イベント活動を統合した文化センターのような位置づけとなっている。市民に生涯学習機会を提供するとともに、市民が先端技術や新しい知識にアクセスでき、都市のさまざまな関係者を結びつけ、オープンで文化的かつ持続可能な都市をつくるために建設された。

DOKK1の中でも注目を集めているのが、新しいオーフス市立図書館だ（7頁下写真）。開館9カ月目には来場者が100万人を超え、国際図書館連盟（IFLA）が2016年の「Public Library of the Year」に選出するなど高い評価を得ている。

この図書館は市民中心主義を標榜するオーフス市の考え方が十分に反映されている。図書館はデジタル化によって新たな技術が広まる100年後を見据えて設計されているが、ビジョンの策定、

DOKK1（上）、オーフス市立図書館（下）

図書館の要件・定義の策定、インテリア設計、プロジェクト管理などすべての領域で市民が参画している。つまり、市民の市民による市民のための図書館なのだ（図9）。

この図書館に来ると、新しい技術によるイノベーションが凝縮されていることが体感できる。まるでサンダーバードの基地のような最先端技術を駆使した駐車場が完備されており、デンマークで最大規模の千台の駐車スペースがある。駐車スペースに車を止めてから、わずか数分で車は地下のスペースに収納される。書籍の管理には先端ロボットが導入されていて、近隣18の図書館とネットワーク化された蔵書データベースと連携する形で効率的な仕分け作業が行えるようになっている。

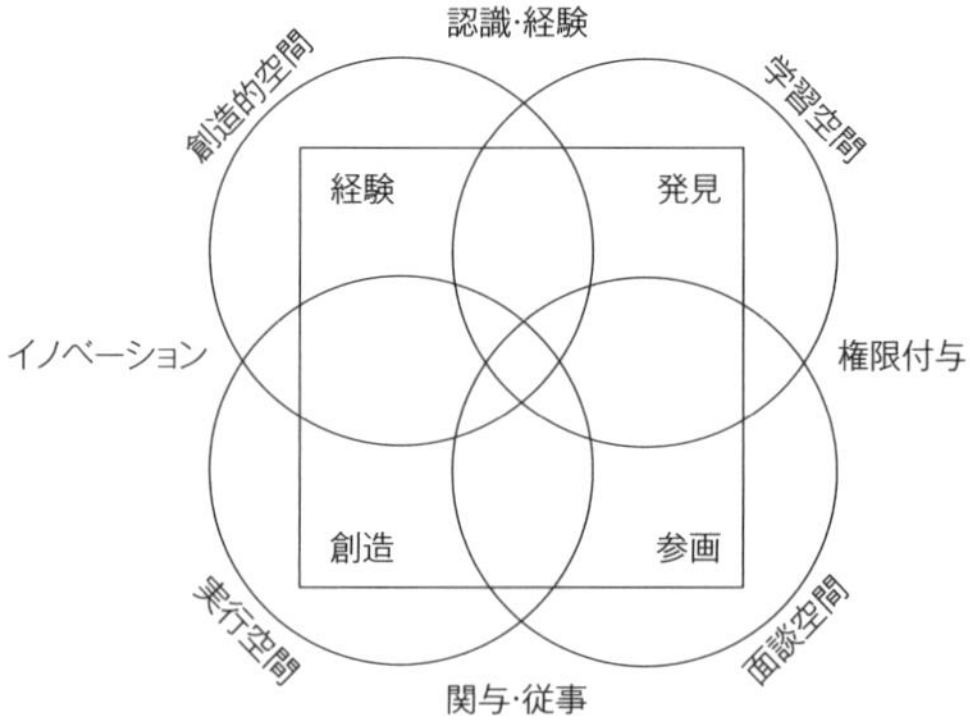

図9　オーフス市立図書館のコンセプト
（出典：Aarhus Libraryホームページ）

また、入口でペッパーが出迎えてくれる。図書館は平日8時から22時まで開館しているが、職員は17時前後で退館してしまう。そこで17時以降の来館者に案内できるようなコンシェルジュ・ロボットとしてペッパーが採用された。他にもスマートフォンで予約できるシステム、図書館の受付で各種行政サービスが受けられる体制、最近デンマークでも増えている集中豪雨による洪水など災害対策として屋上には避難スペースも確保されている。

そして、市民中心の図書館として、新技術の紹介イベントや、子供が大きなレゴブロックで遊べる部屋、福祉技術を市民が体験できるセンター（ここにはデンマーク外務省投資局のプロジェクトで日本のＷＩＬＬ（次世代型電動車椅子）やオリィ研究所の分身ロボットOriHimeが展示されている）など、市民が参画したことで実現できた図書館の未来を体現するサービスを実現している。

❖アグロフードパーク

オーフスは農業でも欧州における拠点の一つとして認知されている。デンマークは国土の面積が九州地方とほぼ同じで４万３０９４㎢あるが、そのうち約60％が農地である。

デンマークの農業は、主に畜産物、乳製品、大麦、小麦、馬鈴薯などの作物の生産である。農場は集約化により規模が拡大し、ＥＵ加盟が契機となり、デンマークの農産物輸出額の約70％がＥＵ加盟国向けで農業は重要な輸出産業になっている。

オーフスでは世界でもトップクラスの農業のイノベーションセンターを設立することを決め、２００９年に農家、企業、研究機関が集まって、オーフス中心部に近い場所に「アグロフードパーク（Agro Food Park）」が設立された（図10）。

アグロフードパークには２０１７年現在75社の農業関係企業と25社のスタートアップ企業が入居

図10　アグロフードパーク（出典：Agro Food Park幹部へのヒアリングをもとに作成）

し、入居企業の従業員は千人を超える規模に拡大している。近くに北欧で最大規模の乳製品メーカーであるアーラフーズ（Arla Foods）のグローバルイノベーションセンターもあり、オーフス大学も食品研究所で連携するなど、農業におけるトリプルヘリックス（産官学連携、6章参照）のクラスターを形成している。

アグロフードパークの機能としては、他の環境やエネルギーのクラスターと同様で、農業食品分野のネットワーク支援、起業サポート、大学や研究機関との連携と技術移転、展示会やイベントの開催、革新的な研究やプロジェクトへのファンディングなどを実施している。こうした活動によって、2013年にはオランダのワーヘニゲン大学からフード・イノベーションで欧州ナンバーワンの評価を獲得している。日本からの視察も増えており、特に北海道の酪農経営者、農業にＩＴを活用した先進システムを構築しているＩＴ企業の訪問が多い。

アグロフードパークが成功した背景として、次のような点が挙げられる。

この組織は民間資金で設立され、民間企業によって運営されているため、効率的で持続的成長のモデルが当初から組み込まれている。

また、大手企業と中小企業、スタートアップが連携し、相互にwin-winの関係で取り組めるしくみが構築されていること。大企業はスタートアップとの連携でイノベーションを創出でき、中小企業やスタートアップは大企業の資金を利用し、海外販路を期待できる。

さらに、大学の研究室や研究機関で考案されたアイデアや技術を、試験農場などで即座に実証でき、先端技術の移転がスムーズなことも挙げられる。

このようにアグロフードパークは、農業のイノベーションが生まれるしくみが実践的に導入されているクラスターなのである。

4　オーデンセのスマートシティ

オーデンセ市はフィン島の東に位置し、人口は約17万人（２０１６年）、デンマーク第三の都市で、日本の自治体では立川市や鎌倉市とほぼ同じ規模だ。バイキング時代を含め千年の歴史があるデンマークでも最も古い都市の一つで、童話作家アンデルセン生誕の地として知られている。現在、オーデンセ中心部にあるアンデルセン博物館に、アンデルセン美術館と庭園、ディンダーボックス（火打箱）など子供のための文化施設を新設するプロジェクトが進行している。コンペで隈研吾建築都市設計事務所が選定され、2020年の完成に向けて建設が進む。

オーデンセは一応スマートシティを推進しているが、コペンハーゲン市やオーフス市のように明確なスマートシティの計画やプロジェクトを行っているわけではない。むしろ、オーデンセが力を入れてきたロボット、ドローン（Unmanned Aircraft Systems、UAS）、そしてヘルスケアを中心に産業を発展させてきた。

オーデンセ市は、エネルギーや交通などに注力するコペンハーゲン、文化を取り込んだスマートシティを標榜するオーフスと差別化するために、あえてスマートシティを前面に押し出すのではなく、オーデンセが得意とする領域に焦点を当てたプロモーションを行っている。

現在、オーデンセ市では、歴史的な中心部一帯を再開発しており、LRT（軽量軌道交通システム）の敷設工事を行っている。2020年には第一段階が完了する見込みとなっており、二酸化炭素排出量を低減し、騒音を少なくし、環境にやさしいスマートシティの実現を目指している。

❖ロボット・クラスター発展の背景

オーデンセのロボット・クラスターが発展したきっかけは1990年初頭に遡る。売上高世界一を誇るデンマークの海運企業であるマースク社（Maersk）は、当時競争が激しくなっていた業界の中で、オーデンセ・リンドに競争力のある先進的造船所の建設を計画していた。特に技術面で重要だったのが、ロボット技術を利用した自動溶接システムとロボットの自動プログラミングを実現する先進的なソフトウェアであった。これらを開発するために、地元の南デンマーク大学（SDU）に寄付を行い、造船所のロボット技術開発研究機関である「マースク・マッキンニー・モラー機関（Maersk Mc-Kinney Moller Institute）」が設立され、その後オーデンセにデンマーク技術研究所（DTI）のロボット部門も開設された。

オーデンセはデンマークのロボット技術開発の原点であり、当初から企業と大学や研究機関の戦略的な連携が行われていたわけだ。現在オーデンセで活躍しているロボット関係者のほとんどは、この時期に造船所のロボット・プロジェクトに関わっており、南デンマーク大学を卒業している。そして、現在世界で事業を展開している協働ロボットのユニバーサルロボット社（Universal Robots）やモバイル産業ロボット社（Mobile Industrial Robots、MIR）がオーデンセで誕生している。

そして、オーデンセの研究機関は、このロボット・クラスターをさらに世界でトップクラスのレベルにするため、人工知能を導入したロボットシステム、ヘルスケア分野や環境エネルギー分野のビッグデータを利用したロボット技術の開発、ドローンとの連携など新規分野の強化を行っている。

❖オーデンセ・ロボティクス

オーデンセでロボット産業を推進しているのが、2012年に設立されたロボット産業のクラスター「オーデンセ・ロボティクス（Odense Robotics）」だ。

実は、オーデンセ・ロボティクスと日本との関係は深く、2009年からすでに20社以上の日本のロボット企業がデンマーク外務省投資局の視察支援でデンマークを訪問し、これまでに11社が実証を行っている。最近ではロボット・ベンチャーであるオリィ研究所の分身ロボット「OriHime（オリヒメ）」が学校や福祉施設で移動の制約を克服するためのコミュニケーションロボットとして、またGROOVE X社は人の愛する力を育むロボット「LOVOT」で、世界一幸福なデンマーク人をさらに幸せにするための実証を行っている。その主なロケーションがオーデンセである。

2009年、筆者がオーデンセ・ロボティクスと連携を開始した頃は、まだクラスターと呼べるほどしっかりした体制ではなく、南デンマーク大学、デンマーク技術研究所ロボット部門とオーデンセ市投資誘致部門を中心に、30社程度の中小企業がロボット技術を軸に連携している状況であった。

当時はどちらかというと、ロボット先進国としての日本に、新たなロボット技術をオーデンセで実証してもらい、日本からロボット技術と産業化について学ぶという姿勢であった。そのため、オーデンセ市の投資誘致部門、福祉部門、デンマーク技術研究所などは毎年来日し、国際ロボット展や国際福祉技術展に参加して日本のロボット技術を勉強し、オーデンセをサービス・ロボットの

オーデンセ・ロボティクス（©Invest in Odense）

テストベッド（技術実証を行うプラットホーム）として利用してもらうべくプロモーションを行っていた。

たとえば、日本のロボットメーカーは主に介護福祉のサービス・ロボットを中心にオーデンセで実証を行い、日本で開発された介護ロボットの機能性、安全性そして欧州での事業可能性を探るためにフィールドテストを行っていた。特に実証に力を入れていたのが、パナソニックの「ロボティックベッド」、本田技研工業の「歩行アシスト」、ＦＵＪＩの「Hug（ハグ）」、サイバーダインの「HAL（ハル）」などであった。残念ながら、これらのロボットは実証後、デンマークでの事業化には至っていない。しかし、世界で最も厳しい福祉基準を有するデンマークで実証を行った経験は、その後の製品開発に活かされているはずだ。

オーデンセ・ロボティクスは２０１０年以降急速に発展し、クラスターの企業は２０１５年に85社、２０１７年末時点で１２０社もの企業数を誇るまでになっており、欧州でも有数のクラスターに成長している（図11）。２０１５年以降、当時は国外でほとんど知られていなかったオーデンセ・ロボティクスは積極的に海外でプロモーションを展開した結果、近年は事業パートナーやスタートアップを探すアメリカや中国の投資家や事業家が頻繁にオーデンセに訪問するようになった。

さらに、オーデンセが欧州でも有数のロボット・クラスターに成長したきっかけは、協働ロボットを製造するユニバーサルロボット社の成功も関係している。同社の共同創業者でＣＴＯのエスベン・オスターガードは南デンマーク大学でロボット工学を学んだ卒業生だ。彼は当時、食品産業

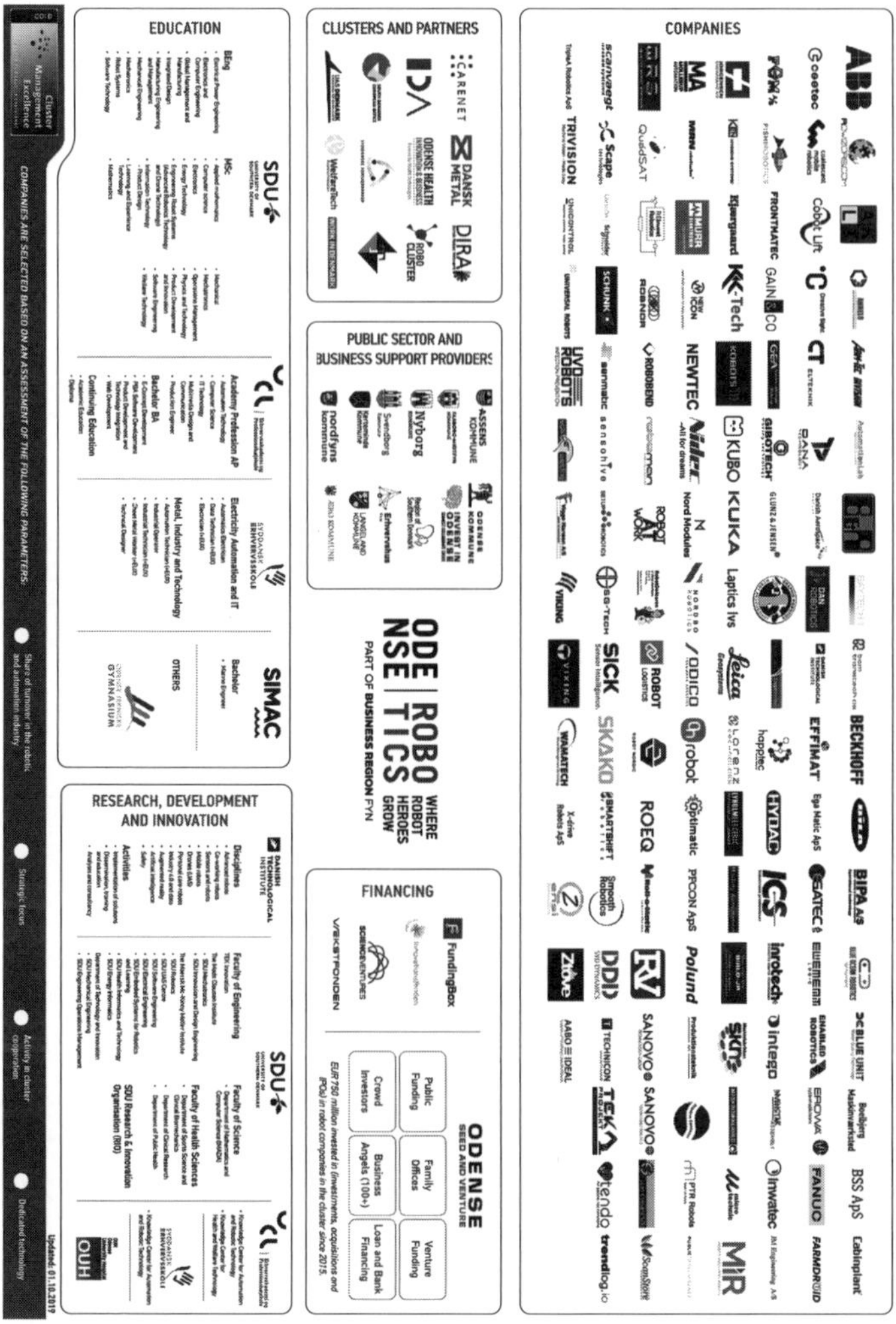

図11　オーデンセ・ロボティクス（出典：Odense Robotics）

でのオートメーションに関する研究プロジェクトを進めており、従来の大型でプログラミングも難しく高額なロボットより、安全で柔軟性が高く中小企業でも簡単に使えるロボット、つまり人と協働するロボットを開発した。

同社は2015年にアメリカのテラダイン社（Teradyne）に買収されているが、ユニバーサルロボットは協働ロボットのパイオニアとして世界で58％の市場シェアを得るに至っている（2018年）。

日本でも、つくば市、相模原市、愛知県、北九州市などがロボットの社会実装を軸にした地域振興を行っているが、規模が小さなオーデンセ市は少ない資源を極めて有効に利用して現在のポジショニングを確立している。

なぜ、鎌倉市と同規模のオーデンセがロボット・クラスターで成長しているのであろうか。その成功要因は、日本のように自治体中心にロボット産業を育成する地域振興型と、シリコンバレーのように個人投資家が有望なスタートアップ企業に投資を行いながらビジネスを拡大させるベンチャー投資型、オーデンセはその両方を併せ持ったモデルであるからだ。つまり、小さな地域ながらも、シリコンバレーと日本のロボット・クラスターの両方の機能を兼ね備えたハイブリッド型と言える。

北欧の特徴であるイノベーションは、イノベーションが自己目的化せず、地域や産業の問題を解決し、成長につながるしくみを構築している。現実の課題を解決する手段としてロボット技術を発展させることに主眼が置かれている。こうした点は実利主義のデンマークらしい特徴だ。

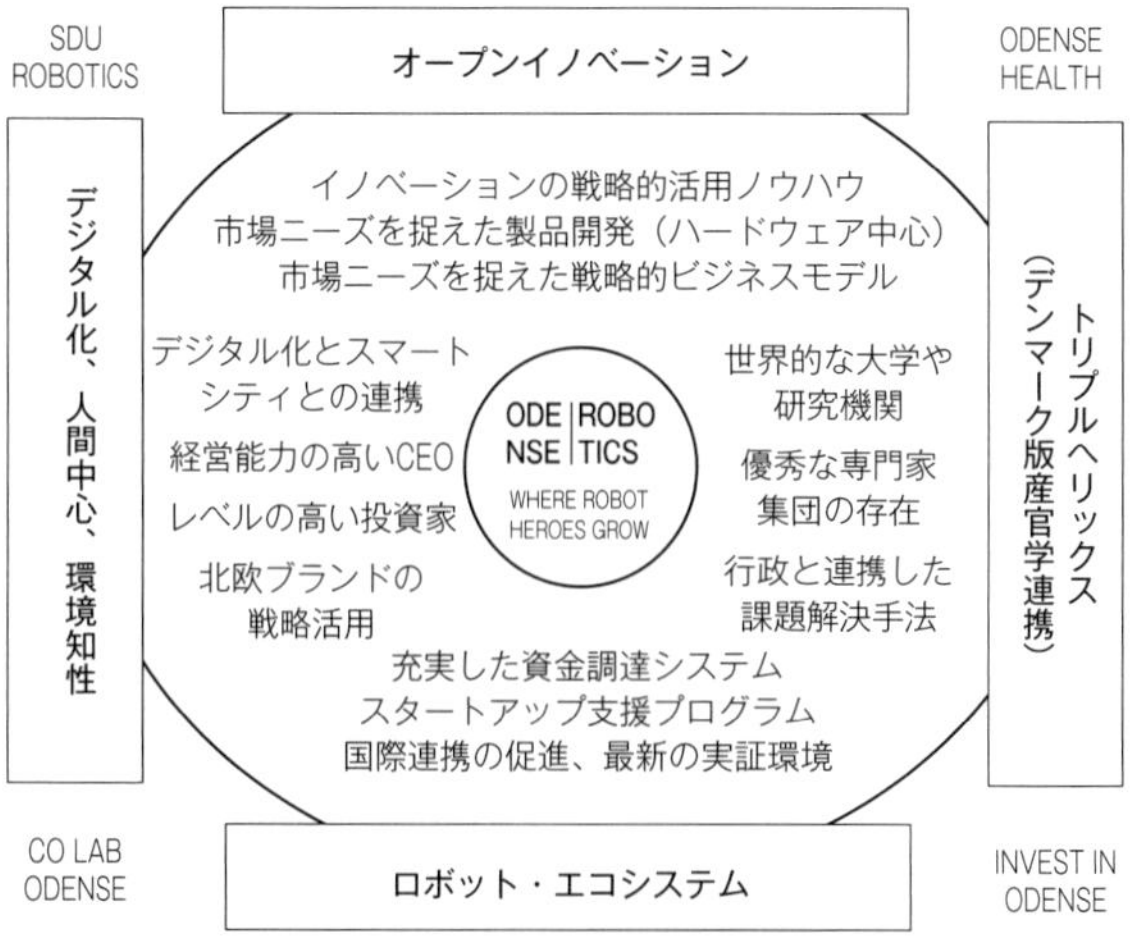

図12　オーデンセのロボット・クラスターのエコシステム

そして、ロボットは市場ニーズを分析し、製品化したものがきちんとマーケットで受け入れられ売上につながることを計算して開発が行われている。こうしたロボット・クラスターのエコシステムは、高度なロボット技術を持つ専門家チーム、技術に偏る組織をビジネス主導型に軌道修正する経営能力のある人材、そしてスタートアップを資金面から支援する投資家、産業育成を制度面から支える行政が有機的に連携することで支えられている（図12）。投資資金総額はシリコンバレーと比べるとはるかに小規模だが、試作品の前段階で出資する制度や有望な技術には迅速に資金を提供するプログラムなどが提供されている。このように地域全体がロボットのエコシステムを支援する体制が整っているのが、オーデンセの強みになっていると言えるだろう。

❖オーデンセ・ヘルステックとリビングラボ

オーデンセ市はヘルスケアにも力を入れている。デンマークではヘルスケアに注力している都市は他にも多いが、オーデンセが他の都市と違うのは、福祉技術の取り組みだ。

デンマークでは医療や福祉介護は国民の税金によって賄われている。しかし、日本と同じように高齢化の問題、特に高齢化による福祉サービスの受給者増加と公務員の退職に伴う労働者不足の影響は深刻であった。そのため政府は、2009年から2015年の間に400万ユーロ（約4・8億円）を労働力省力化技術と効率的な作業プロセスの導入のために投入し（ABTファンド、公的福祉技術への投資）、福祉セクターの改革を行った。

2010年、このABTファンドを使って国がオーデンセ市に「福祉技術クラスター（Welfare Tech）」を開設したこと、もともと南デンマーク大学やデンマーク技術研究所がありロボット技術者が集結していたこと、日本企業の介護ロボットの実証実験が行われたことから、福祉技術のクラスター「オーデンセ・ヘルステック」として発展するようになった（図13）。実は、オーフス市も前述のDOKK1で市民向けの福祉技術センターを設置しており、オーデンセと良い意味で競争しながら福祉技術の開発に力を入れている。

オーデンセが他の自治体に対してユニークなのは、福祉技術を含めたヘルスケア・ソリューションを実証実験できるリビングラボ「コーラボ（CoLab）」をオーデンセ・ロボティクスが入るセン

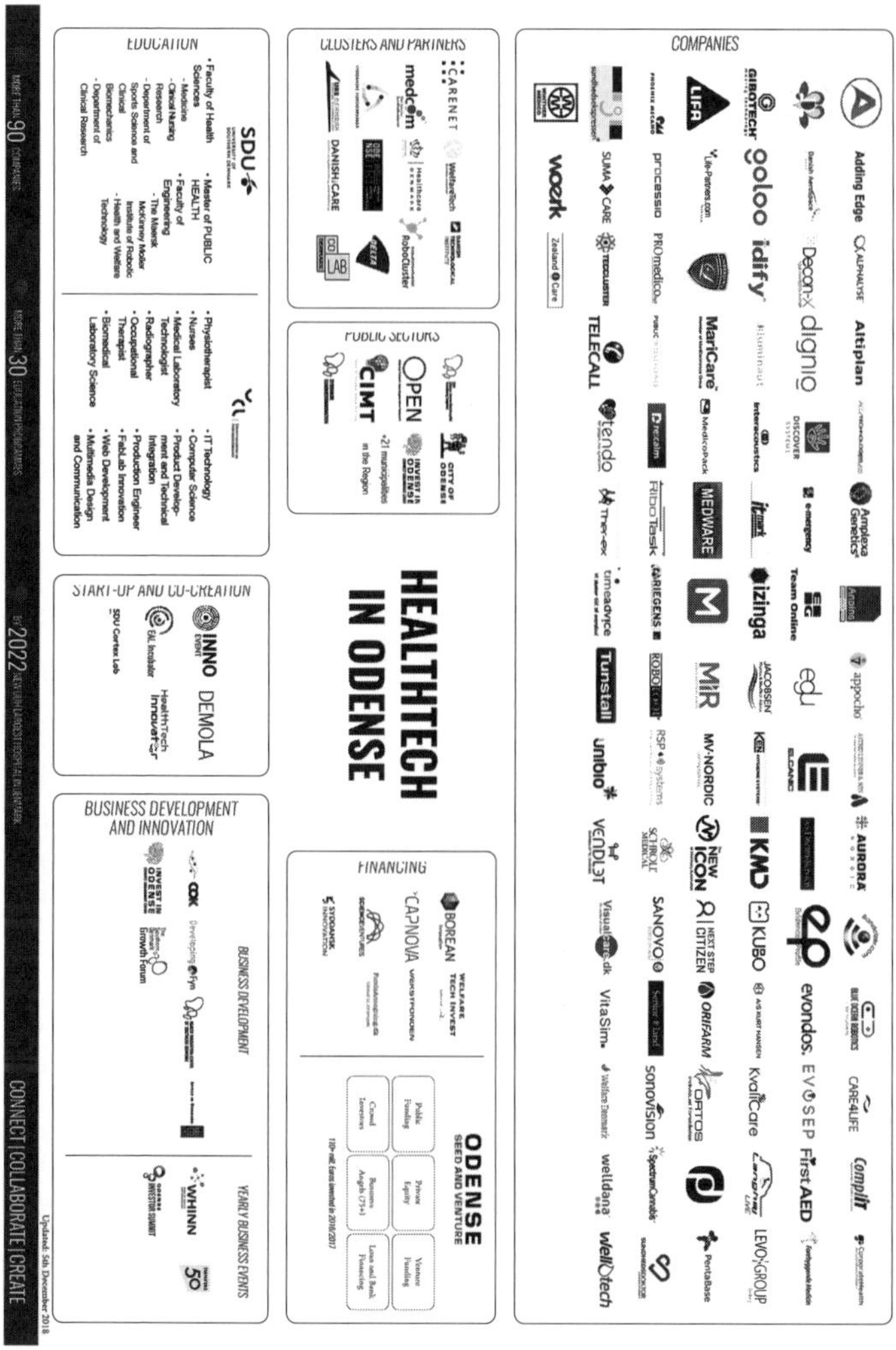

図13 オーデンセ・ヘルステック（出典：Invest in Odense）

ター内に設置していることだ。

2015年に設立されたコーラボは、病院、福祉施設、在宅で使われる新しいヘルスケア・ソリューションを実証するビングラボである。ウェラブルなどに組み込まれたセンサーにより生体情報を収集するヘルスIoT、自立支援の介護ロボット、自動化による新しい病院システムなど、最新技術によりヘルスケアの現場を改善できる可能性が増している。しかし、社会システムが複雑化するなかで、新しい技術を既存の制度やシステムにスムーズに統合することは、技術的には実現可能でも規制により導入することが難しい場合がある。

コーラボでは、新たなソリューションを開発する際、自治体、病院や福祉施設の関係者、ITなどのソリューション企業など多くの利害関係者を巻き込んで協議や実証実験を行い、実用化される前に問題を摘み取り、新しいソリューションがスムーズに社会実装されるように支援するプログラムを提供している。

コーラボには自宅、かかりつけ医、病院、介護施設のモックアップが設置されており、デジタル機器を開発する際、異なる環境でも一貫性のあるユーザーインタフェースをデザインしたり、医者、介護士、作業療法士などが連携して患者に対応する場合に最適な作業プロセスを検証することができる。また、病院の手術室や病室も再現されていて、実際の執刀医が立ち会い、手術の模擬テストを通じて医療機器やソリューションの評価を行うことができる。

オーデンセでは2022年の完成を目指して、デンマークで最大規模となる大学病院（スーパー

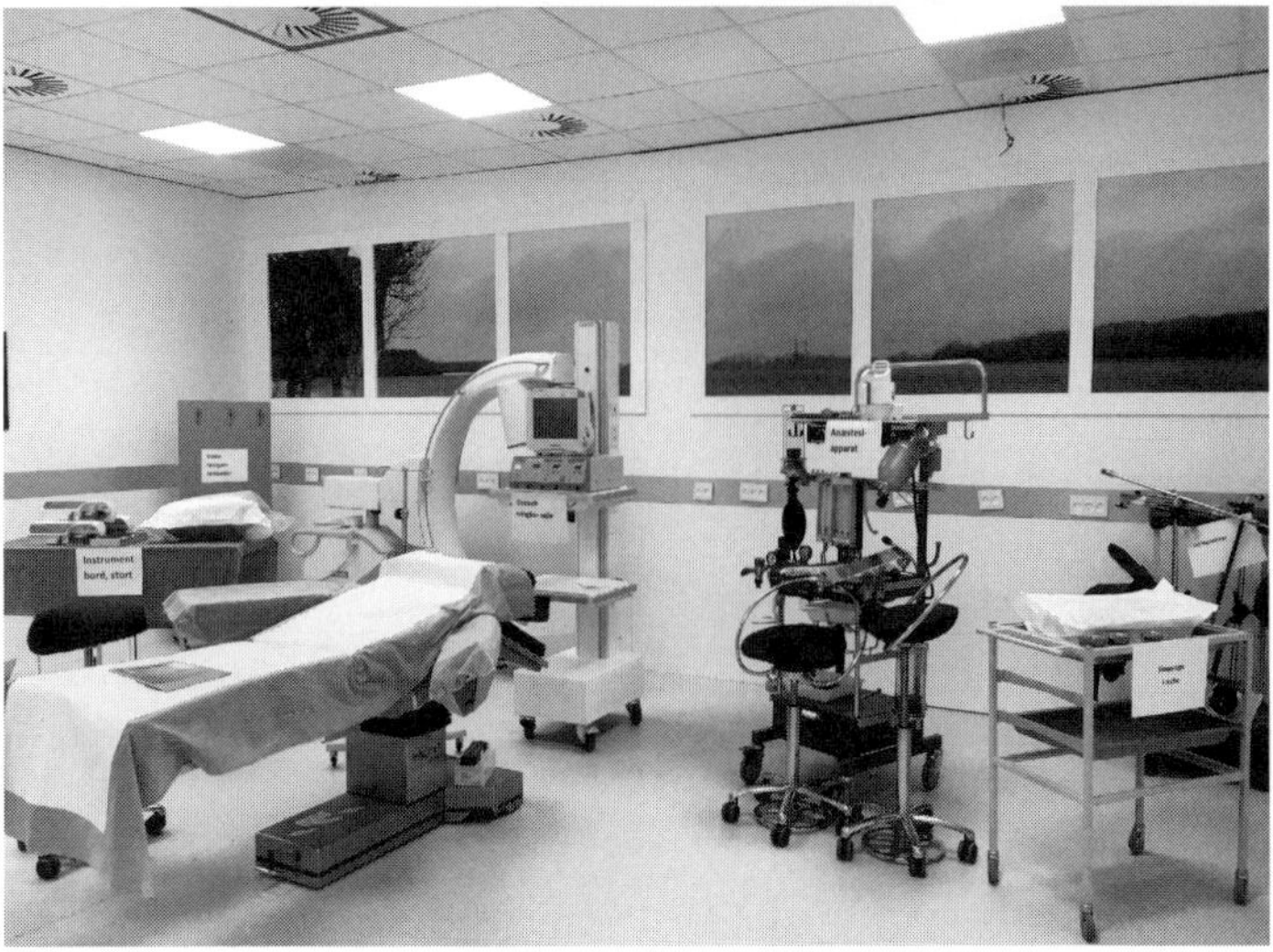
ヘルスケア・ソリューションを実証実験できるコーラボ。下は手術室のモックアップ

病院）が建設中であり、そこで導入される医療機器を評価する目的もある。

❖ドローン・デンマーク

オーデンセにはハンス・クリスチャン・アンデルセン（ＨＣＡ）空港があるが、ここに国が２０１２年に創設したドローン・クラスター「ＵＡＳ（Unmanned Aircraft System）デンマーク」がある（図14）。このクラスターの目的は、欧州で唯一の有視界外飛行（Beyond Visual Line of Sight、ＢＶＬＯＳ）の国際テスト飛行センターとしての役割とドローン産業育成のナショナルクラスターを発展させることである。

ＵＡＳデンマークの特徴は、やはり広大な試験空域があることだろう。ＨＣＡ空港で商用のフライトがない場合は、完全にドローンだけのテストを行うことができる。８６７㎢にも及ぶ空域でドローンの飛行やセンサー、その他飛行システムを検証するための有視界外飛行のテストでき、都市部と郊外に加えて海上区域でもフライトが可能なことだ（図15）。

ＵＡＳデンマークはオーデンセ・ロボティクス同様、内外のドローン企業、大学や研究機関の参加、ボーイングなど海外大手企業が会員となっており、急速に発展している。これまでに２５０回強のフライト、１６０社の企業がクラスターに参加するまでになっており、北欧で最大のドローン・クラスターとなっている。

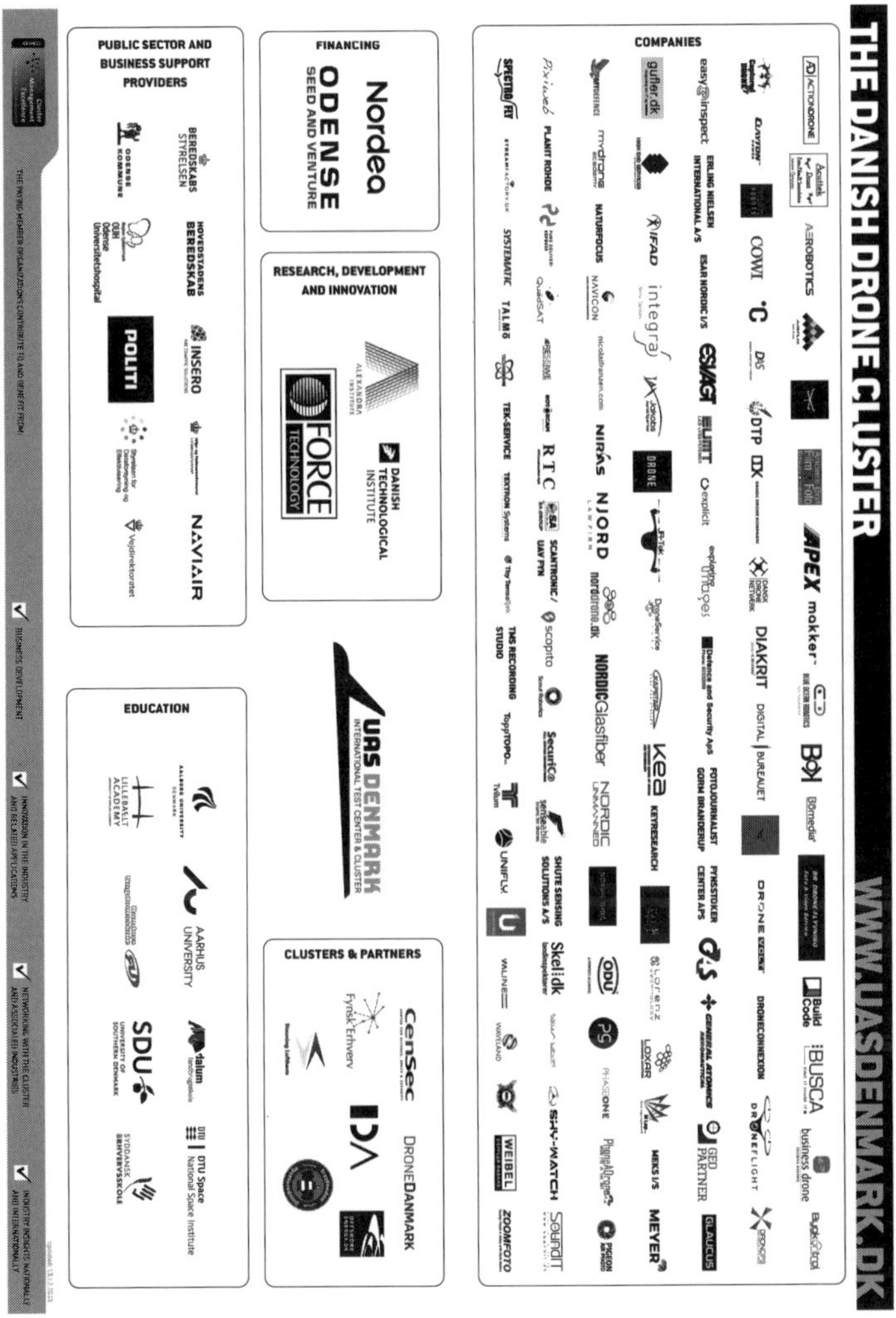

図14　UASデンマーク（出典：Invest in Odense）

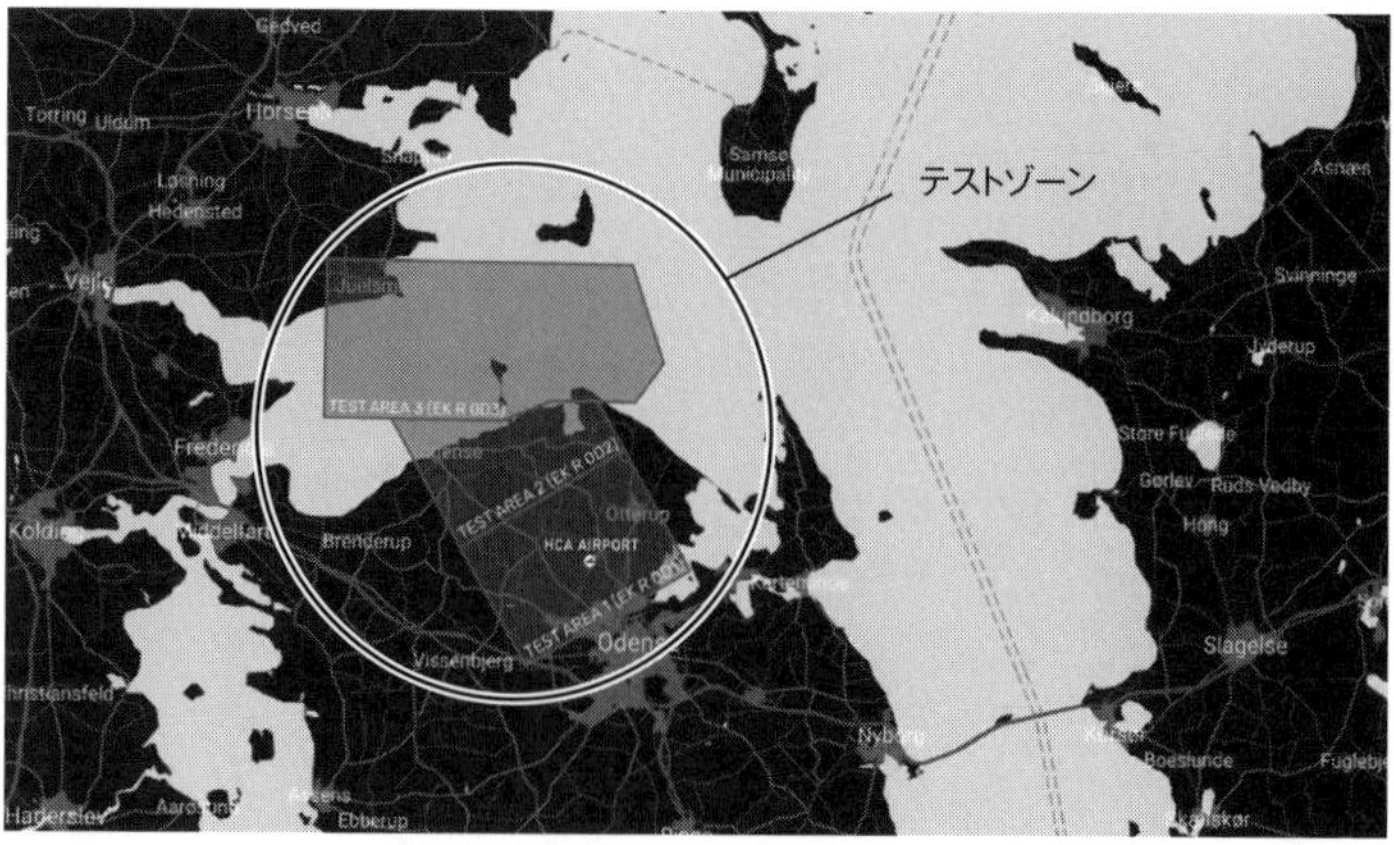

■デンマーク民間航空局から承認されたドローン空域（867㎢）
■三つに分かれたテストゾーン
■三つの発射ゾーン（1カ所は海岸線）
■150kgまでの最短承認プロセス
■BVLOS（Beyond Visual Line of Sight）目視外飛行に対応した空域
■3000フィートまでのフライト（それ以上も必要に応じて対応）
■AFIS、フェンス、セキュリティを備えた完全機能を有する空港内にあるテストセンター
■他のトラフィックの空域をブロックするドローンNOTAM（Notice to Airmen：ノータム）

図15　空港のドローン・テストセンター（出典：UAS Denmark）

6章

イノベーションを創出するフレームワーク

1　オープンイノベーションが進展する背景

❖厳しい風土が育んだ異業種連携

これまでデンマークは社会保障や福祉の先進国として紹介されることが多かったが、最近は特に、ＩＣＴ企業やデザイン思考などの関係者の間ではデンマーク＝オープンイノベーションとして認識されるようになってきた。

しかし、デンマークでオープンイノベーションが進展している背景については、日本ではあまり知られていない。そこで、本章ではデンマークのオープンイノベーションの発展経緯を紹介したい。

デンマークのオープンイノベーションは、文化風土、産業の歴史と密接に関係している。欧州の北に位置するデンマークは、天然資源が乏しく、人口も少ない貧しい国であった。厳しい自然の中で暮らすために、人々は必然的にお互いに協力しあうという文化を育んできた。

デンマークでオープンイノベーションが発展したベースには、16世紀の農民解放後に酪農家たちが結成した協同組合、そしてニコライ・F・S・グルントヴィが提唱した対話による教育（1章参照）が影響している。

酪農は、酪農家が乳牛を育て、生産した生乳が、工場で加工業者によって牛乳、バター、チーズなどに加工され、流通業者を通じて小売店に出荷される。このように酪農は普通の農業と比べて関係者が多く、工場を建設するには高額な資金が必要となるなど、関係者が協同することが不可欠であった。

また、もともとデンマーク人は個人の自立意識が高く、グルントヴィが唱えた対話によるコンセンサスをとる方法は、自立した個人が、互いに協力しながら問題を解決する上で有効に働いた。

さらに、デンマークの家具産業の発展も、オープンイノベーションの事例として取り上げられる。デンマークの家具は世界的に有名だが、歴史を辿ると、異なる分野の専門家が助けあいながら問題を解決してきたことがわかる。

デンマークでは材木商が材木を木工家に提供するだけでなく、新素材の発掘、乾燥プロセスを研究し改良した乾燥材を提供するなど、本来は木工家が担う工程も材木商が担うことで、木工家は新素材による商品開発といった創造プロセスに注力することができた。特に乾燥が難しいチーク材が当時普及したのは、材木商による支援が大きかった。

１９２０年代には、建築家と家具職人が組んで、建築空間と家具やプロダクトを一体としてデザインし、新しい暮らしを提案するようになった。建築家は建物をつくるだけでなく家具、照明、ドアノブなどのデザインも行うようになり、家具職人の経験、技術を参考にした。家具職人も建築家と連携することで、椅子や家具を単品として製作するのではなく、生活空間の中でそれらがどのようであるべきかという視点でものづくりをするようになった。

1920年代から1950年代にかけて、デンマークでは多数の名作家具が生まれた背景には、こうした異業種の専門家たちの連携があった。

ただ残念なことに、このオープンイノベーションの先駆けであった家具業界の異業種連携は、その後見られなくなってしまった。その結果だろうか、デンマークの家具産業も1980年代前後には停滞するようになった。

しかし、こうした異業種のコラボレーションから生まれるオープンイノベーションは形を変えIT業界やデザイン業界で引き継がれており、デンマークの新たなトレンドを形づくっている。

❖複雑化する社会に対応できないシステムの更新

北欧では以前からオープンイノベーションが進展している地域として注目されていたが、ここ数年その重要性が増している。アメリカやシンガポールなどが次世代型スマートシティを構築する上で、デンマークなど北欧のオープンイノベーションの知恵を必要とし、視察や企業との連携が進んでいる。

その背景として、一つはデジタル化によりあらゆるものがつながり統合されつつあるということ、またそれに伴い社会システムが高度化していることがある。デジタル化については3章で触れ

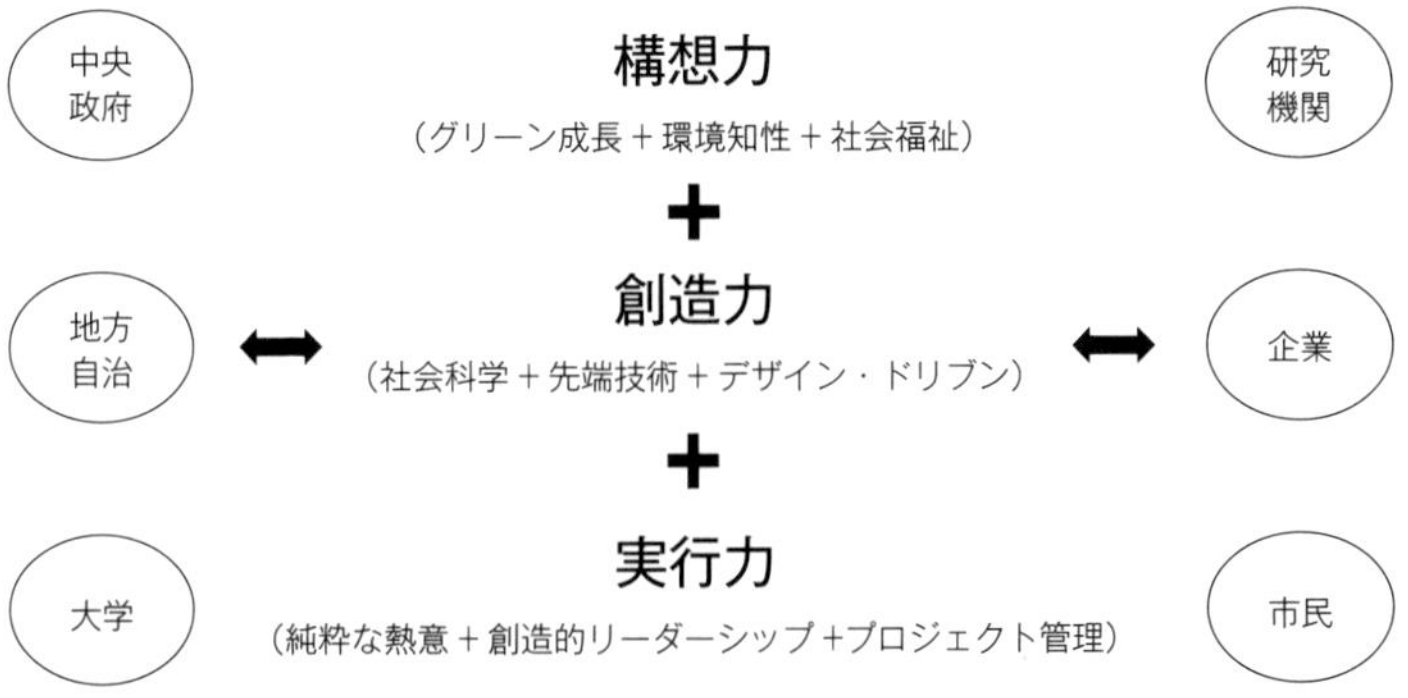

図1　デンマークのオープンイノベーションを支えるしくみ

たので詳細は省くが、北欧型民主主義による民度の高い国であることに加え、社会保障制度が進んでおり、そこにデジタル化が加わり公的サービスを通じて収集されたビッグデータが大量にあること、コンパクトな国なのでＩｏＴなど先進インフラが迅速に普及しつつあること、加えて社会福祉の国であり市民の幸福を追求する人間中心主義が根づいていることがあるだろう。

もう一つの要因は、複雑化する現代社会において、もはや特定の機関や企業が単独で問題を解決することができなくなっているからだ。たとえば、都市の計画をつくる際にも、エネルギーや水や交通システムなどのインフラだけでなく、農業、医療、福祉、教育などの分野まで包括的に計画する必要があるが、すべての領域に精通した専門家はいるはずもない。

デジタル化によって各分野の個別のシステムがつながり、複数の分野を同時に考慮した最適化が行われないと、暮らしやすい都市はつくれないが、現実には行政組織は部門ごとに縦割りになっているので、柔軟に対応することができない。

しかもＩｏＴなどの技術は民間企業が有しているので、行政組織と外部との連携が欠かせないが、行政組織の各部門がそれぞれ実現したい公的サービスが異なるので、利害関係を調整して民間企業と連携することは容易なことではない。

現代は19世紀につくられた法制度に基づく社会システムの上で、20世紀のビジネスモデルを展開し、そこに21世紀の技術を使おうとしている状況になっているので、さまざまな矛盾が現れている。こうした、時代遅れの社会システムを現代に合う形に再構築するには、異なるセクターの知見を組みあわせたオープンイノベーションが欠かせない（図１）。

2　トリプルヘリックス（次世代型産官学連携）

公民連携（Public Private Partnership、ＰＰＰ）の一つであるＰＦＩ（Private Finance Initiative）は、イギリスで１９９２年、小さな政府を目指し、市場活用型政策への転換が行われ時に導入された。ブレア政権時に公的プロジェクトで民間の資金とノウハウを利用した政策が一定の効果をあげたため、包括的概念としてＰＰＰ（公民連携）を提唱したと言われている。

デンマークでもイギリスと同様に、ＰＰＰによるスマートシティ・プロジェクトの推進やイノベーションの創出で民間のノウハウが取り入られている。

一方、日本でも、1999年にPFI法が制定され自治体などで展開されている。特に、地方創生との関係で、財政難、過疎化に対応した地域づくりを行うために民間の経験を有効活用する目的でここ数年増えている。

しかし、デンマークと日本で行われているPPPには大きな違いがある。

日本のPPPは使われなくなった公共空間活用など、社会インフラを含めたハコモノ案件にPPPが使われることが多い。プロジェクトの参加者は行政、地元の金融機関、建設会社、民間企業、大学教員が含まれているパターンが大半だ。

一方、デンマークでは、2005年からPPPが導入されたが、当時は予算の限界からプロジェクトの規模が小さく、イギリスのようにある程度の規模のプロジェクトを実施して成果を出すことができなかった。しかし、2010年前後からITを導入したスマートシティが推進され、首都コペンハーゲンでPPPにより世界でトップクラスのスマートシティを実現することが目標として定められた。

特にコペンハーゲン市は積極的で、PPPを推し進めるために2009年、コペンハーゲン投資局、広域コペンハーゲン、ジーランド地域が連携して「コペンハーゲン環境技術クラスター(Copenhagen Cleantech Cluster)」が設立された。このクラスターは日本にあるような産官学共同研究のような形態ではなく、産官学が〝動的に〟連携してプロジェクトを実行している。

具体的には、2009年当時の目標として、広域コペンハーゲンに強力な環境技術クラスターを

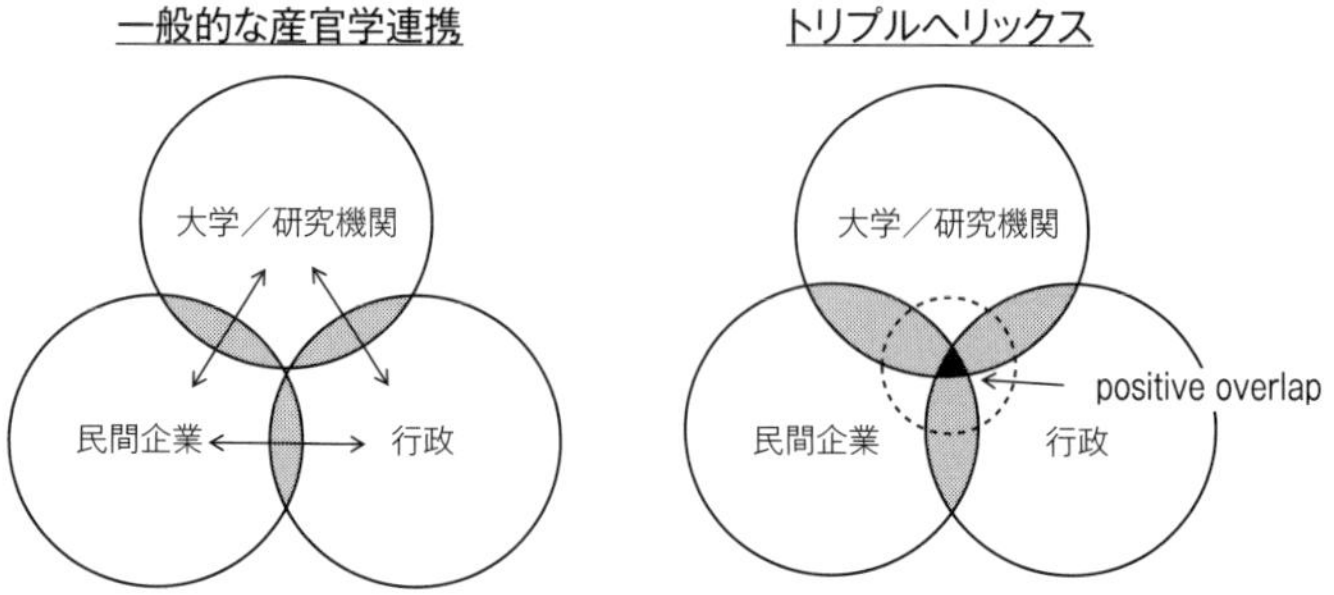

図２　一般的な産官学連携とトリプルヘリックスとの違い
（出典：The Triple Helix of University-Industry-Government Relations. Loet Leydesdorff ASCoR）

形成し、そのクラスターを軸に、５年以内にＰＰＰプロジェクトにより千人の新規雇用を創出する目標を設定した。

コペンハーゲン投資局はコペンハーゲン市の外郭組織であり、広域コペンハーゲンに投資を呼び込むためのプロモーションを担っている。そして２０１６年に当初の計画通り１０９６人の新規雇用を生みだし、１２６社のスタートアップ企業を支援した。こうした実績から、同年10月にＥＵからスマート成長の分野で革新的プロジェクト事例として評価され、ベストプラクティス賞も受賞している。

このコペンハーゲン環境技術クラスターが特に力を入れていたのが、「トリプルヘリックス（Triple Helix、デンマーク型産官学連携）」である。トリプルヘリックスとは三重螺旋のことで、ＤＮＡの三重螺旋構造のように、公的機関と民間企業そして大学・研究機関が立体的かつ動的に絡まりあいながら連携するというイメージである（図２）。

一見すると、日本の産官学連携と同じもののようだが、似て非なるものだ。日本の産官学連携はどちらかというと二者間の連携で、国や自治体と企業が公共プロジェクトで連携するケース、企業が新規技術を開発するために大学と研究プロジェクトを実施するケース、そして国や自治体の公的プロジェクトに大学の研究者が有識者として参加する場合が大半である。

一方、デンマークで行われているトリプルヘリックスは、三重螺旋の言葉通り、公的機関、民間企業、研究機関がダイナミックに連携してプロジェクトを実行する。このトリプルヘリックスの中心にはクラスターが配置される。日本のクラスターと若干異なるのは、クラスターを構成する人員には官庁や自治体の行政経験者、新規事業やプロジェクトマネジメントに精通した民間企業の出身者、そして先進技術とその技術を社会に実装する際の課題や進め方に精通している研究者が含まれていることだ。

クラスターの運営責任者は、行政、企業、研究機関からの出向ではなく、このクラスターの正式な正規雇用者である。クラスターの運営責任者はプロジェクトの企画書を作成し、国や自治体、民間企業から出資を募り、プロジェクトを実行する。運営責任者は自身の給与もプロジェクトを通じて捻出しなければならないので、必然的に企画力、関係者を巻き込むコミュニケーション力や交渉能力に長けている人材が雇用され、プロジェクトが継続できるしくみを構築しなければならない。したがって、クラスターに腰掛けでいる人はいない。それぞれの職務責任も明確なので、結果を出すことに真剣になる。

このトリプルヘリックスの成功事例としては、コペンハーゲン市やオーフス市のスマートシ

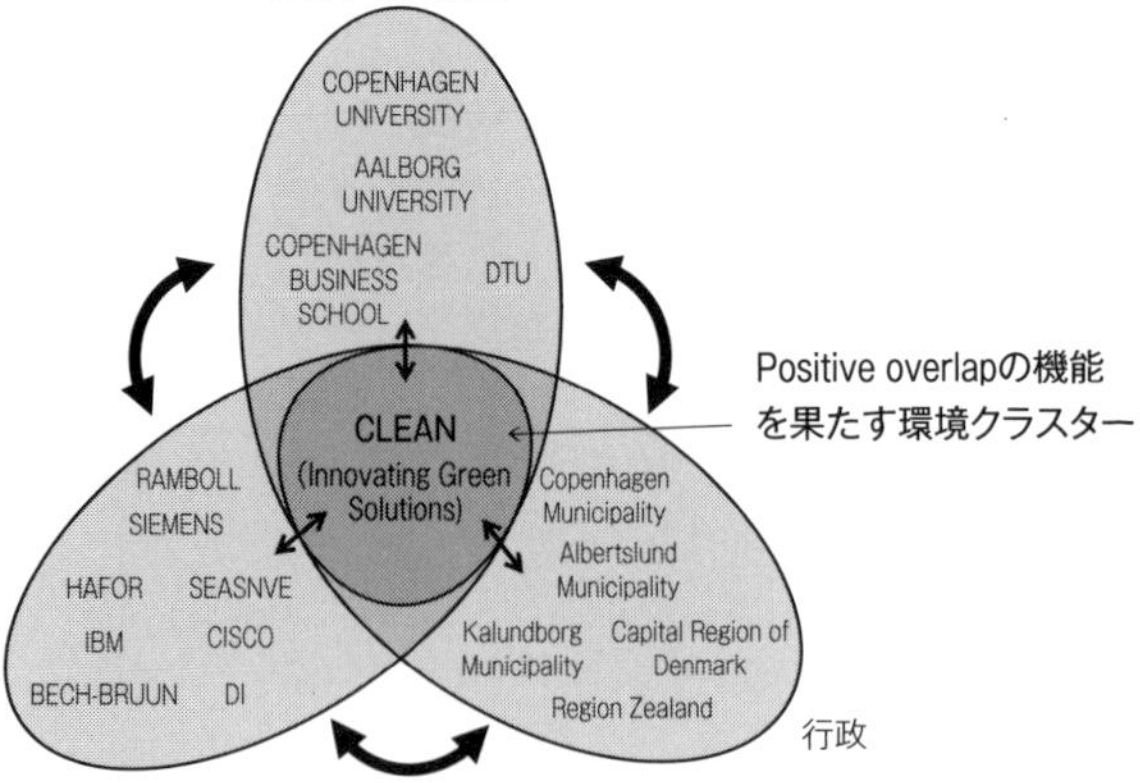

図３　コペンハーゲンのクリーン（旧環境技術クラスター）（出典：CCC）

ティ・プロジェクト、オーデンセ市のロボット・プロジェクトなどが挙げられる。

たとえば、コペンハーゲン市のスマートシティでは、コペンハーゲン環境技術クラスター（現在の「クリーン（CLEAN）」）が２０１４年にビッグデータ・プラットフォームの官民プロジェクトを立ち上げた（図３）。クラスター内でコペンハーゲン市が有するビッグデータの活用と新しい官民共同のビジネスモデルを策定するべく検討が行われた。そして、実証プロジェクトの入札が実施され、日立コンサルティングがソリューション・ベンダーとして選定されている。現在では世界中でビッグデータをオープンデータとして利用する動きは一般的となったが、当時はまだ先進的であり海外からも注目されたプロジェクトであった。

コペンハーゲン市が目指していたビッグデータ・プラットフォームの形態は、公的ビッグデータの取引所だ。社会保障先進国でデジタル化先進国のデンマークには公的サービスに関連したビッグデータが豊富に蓄積されている。そのデータをビッグデータ・プラットフォーム上で使いやすい形にクリーニングし、有償で公開することにより、スマートシティ向けのソリューション・ベンダーは効率的かつ安心してビッグデータに基づくシステムを開発することができる。市は保有していたビッグデータで収入が得られ、それを新規のスマートシティ案件に再投資することができる。一方、プラットフォーマーは、取引単位ごとに課金し収益を確保することができ、行政、ソリューション・ベンダー、プラットフォーマーがそれぞれメリットを享受することができる。そして最終的には新しいスマートシティのインフラ整備で市民にその成果を還元するというものだ。

今後はビッグデータ・プラットフォームの分析や検証が行われ、将来正式な公的サービスとして展開されていくと思われる。コペンハーゲン市が世界に先駆けて、革新的なビジネスモデルを実証実験することができたのも、トリプルヘリックスの成果である。さらに最近ではトリプルヘリックスに市民も加えた「クワトロヘリックス（Quatro Helix）」の取り組みも進展している。

3　IPD（知的公共需要）

PPPの発展系として近い将来、コペンハーゲン環境技術クラスターで実証されていたIPD

Public Private Partnership：公民連携

⇩

Public Private Innovation：公民イノベーション

⇩

Intelligent Public Demand：社会の課題抽出からソリューションの導入まですべてのプロセスを含んだシステマティックな革新プロセス

図４　PPPからIPDへの展開

（Intelligent Public Demand、知的公共需要）というアプローチが活用されるようになるかもしれない（図４）。これは、ＰＰＰを高度化した手法で、実際に前述のビッグデータ・プラットフォームで採用された。特に複雑で革新的な要素を取り入れた公共プロジェクトを計画・実証し、大規模なインフラソリューションを調達・導入する際に有効であるとされている。

ＩＰＤはＰＰＰから進化した「公民イノベーション＝ＰＰＩ（Public Private Innovation）」に似ている概念と捉えられているが、ＩＰＤはＰＰＩをより洗練したしくみである。

ＩＰＤは社会課題の抽出からソリューションの開発、そして導入まですべてのプロセスを含んだシステマティックな公民連携の革新プロセスである。ＩＰＤは方法論としては確立されているが、デンマークでもまだ実験段階であり、正式な体系として認知されているわけではない。

ＩＰＤの事例としては、コペンハーゲン環境技術クラスターの後進の「クリーンテック・クラスター（CLEAN）」で、プラスチックの廃棄物システムの入札プロジェクトに取り入れられている。

IPDのアプローチは、図5の通り、四つのフェーズに分かれている。

フェーズ1がトリプルヘリックスで、社会課題を大局的な視点から特定し、その社会が有している強みを軸に、どの革新的なソリューションを導入したら良いかを特定する。先進的な技術やソリューションだからといって闇雲に導入せず、その社会の特性を活かした形で取り入れるアプローチである。

フェーズ2は最もデンマークらしさが現れる段階だ。大きな社会課題では具体的な問題解決のソリューションを導きだすことは難しい。そこで、大きな社会課題を踏まえて本質的な問題に絞り込む。しかし、異分野の要素を的確に分析して、問題の本質に迫るためには、異なる専門家の知見が不可欠だ。このフェーズでは、多様な利害関係者、場合によっては文化人類学者やデザイナー等も参画して多面的に問題解決のアプローチを検討する。

フェーズ3、フェーズ4は従来の公民連携と同様のプロセスを踏まえており、フェーズ3でソリューションを開発するためにIT企業との革新チームを編成し、フェーズ4はフェーズ3で開発されたソリューションの実証と社会実装のためにリビングラボなどでテストを繰り返す。

重要なことは、評価過程で最終的な行政サービスのエンドユーザーである市民をきちんと参画させることだ。日本でも新しい政策を定める時にパブリックコメントが募集されるが、デンマークの場合は公民連携プロセスそのものに市民を巻き込む点が、日本との大きな違いである。

Phase1 社会課題の特定と優先順位づけ	・大きな社会課題のスクリーニング ・トリプルヘリックス（産官学連携）のネットワークを通じた情報収集と分析 ・当該社会システムが有する強み（社会的優位性）の特定 ・革新的ソリューション導入に関する将来プロセスの意思決定と評価
↓	
Phase2 本質的な問題の絞り込み	・専門家、利害関係者、知識ネットワークを通じた本質への絞り込みと理解 （文化人類学者やデザイナーなども参画） ・社会課題を実現可能な特定の問題へと分割 ・入札条件（特に資金調達）の評価と意思決定
↓	
Phase3 革新チームの編成	・適切な技能を有した共同体パートナーの特定 （ITベンダーやコンサル企業） ・連携パートナーを選定・紹介できる外部機関や組織の参画 （外務省投資局など） ・新たなソリューションの開発
↓	
Phase4 新たなソリュー ションの実装	・イノベーション・プロセスにおけるエンドユーザー（市民）の参画 ・スマートな規制（イノベーションを損なうことなく、安全や社会的規範を担保した基準の策定） ・複数のグループによるソリューション開発 （競争と協調の連携プロセス） ・リビングラボ（ユーザー中心の革新開発の場）でのテストと学習 ・実装したソリューションを他機関と共有および連携強化

図5　IPD（知的公共需要）のアプローチ

（出典：Intelligent public demand and innovative public procurementをもとに加筆）

4 社会課題を解決するイノベーションラボ

❖マインドラボ

今や「フューチャーセンター（Future Center）」は世界中で展開され、イノベーションを創出する手法として一般化されている。フューチャーセンターはスウェーデンが発祥であり、その後オランダやデンマークでも進展した。北欧、オランダで取り組みが進んだ理由は、小国で資源が少ないことに加え、社会の複雑性が増し、インターネットなど技術の発展で、もはや限られた組織だけでは社会の課題を解決できないため、異なる分野の専門知識を集結して問題解決や未来のサービスを創造する必要に迫られたことがある。

デンマークのフューチャーセンターとして有名な「マインドラボ（MIND LAB）」は、2002年、経済商務省のインキュベーション組織として立ち上げられ、最後は産業・ビジネス・財務省、雇用省、教育省と3省庁の管轄になった。

マインドラボは、省庁横断的に社会問題を解決するための政策を設定し、ソリューションを開発、それらを社会実装することを目的に設立された。加えて国と各自治体を結びつけ、さまざまな利害関係者を統合する横断的なプラットフォームとしての機能も持つ。

マインドラボでは、さまざまな社会的課題を解決するためのリサーチ、ワークショップ、プロトタイプ策定を行っていた。市民がイメージしやすい具体的なケーススタディを使って、未来のサービスをつくりだす柔軟なプロトタイプを考案するためのしくみがデザインされていた。

施設内には自由な発想で議論を行える宇宙船型の会議ルームや、オープンな打ちあわせスペースがあり、プロジェクトで培われた経験、ノウハウ、実績をベースに、マインドラボで体系化された方法論が公開されていた。

しかし、このマインドラボは2018年に閉鎖された。現時点でマインドラボを継承する明確な組織は決まっていないが、デンマーク首相が主導する「破壊的タスクフォース」に引き継がれるとされている。

日本やアジアでさらなるデジタル化に向けて、異なる組織を統合するために、マインドラボのようなイノベーション組織の必要性を考えている自治体も多いだろう。その矢先にマインドラボが閉鎖されることを不思議に思うかもしれない。今回の決定は、デンマーク政府が世の中の変化に対応して柔軟に社会システムを変えていくことを実行したにすぎない。ダーウィーンの言葉「変化できるものだけが生き残る」を国家として実践しているわけだ。

ところで、この新しい「破壊的タスクフォース」がどのような組織になるのかは、まだ誰もわからないが、次世代のイノベーション創出機関になることは間違いないだろう。

❖ブロックスハブ

「ブロックスハブ（BLOXHUB）」は多様な企業や研究者がより良い都市づくりのソリューションを創出するためのイノベーション・ハブであり、２０１６年に建築や都市プロジェクトを支援する民間組織「リアルダニア（Realdania）」、コペンハーゲン市、政府の産業・ビジネス・財務省により設立され、２０１８年から運用が開始された（図６）。

ブラックダイヤモンドと呼ばれるデンマーク王立図書館（８頁写真）の近くに位置し、緑色のガラスでブロックを積んだような構造の建物ＢＬＯＸに入居する（４頁下写真）。ブロックスハブは未来のスマートシティ・ソリューションの戦略拠点であり、多国籍企業にとってデンマークや北欧市場へのゲートウェイとして位置づけられている。

ブロックスハブの目的は、エンジニアリング、建築、デザイン思考、設備管理、先端技術、法律、規制といった専門家が一堂に会して、研究・調査・プロジェクトの実践を通じた経験・知見・課題を共有し、高い意識を持って共創を通じた次世代型のスマートシティをつくることである。

多様性という意味で、大企業だけなく多くのスタートアップも同じ立場でプロジェクトに参画しソリューションを共同で開発する。そのために小スペースだが製造ラボや３Ｄプリンターを装備し、迅速にプロトタイプをつくれるような環境が整えられている。また、同じ目的でデータラボ、リビングラボ、ＶＲラボ（仮想現実ラボ）も備えられている。ＶＲラボでは実証の前に仮想空間

ブロックスハブが入居するBLOX。外観（上）、内部（下）

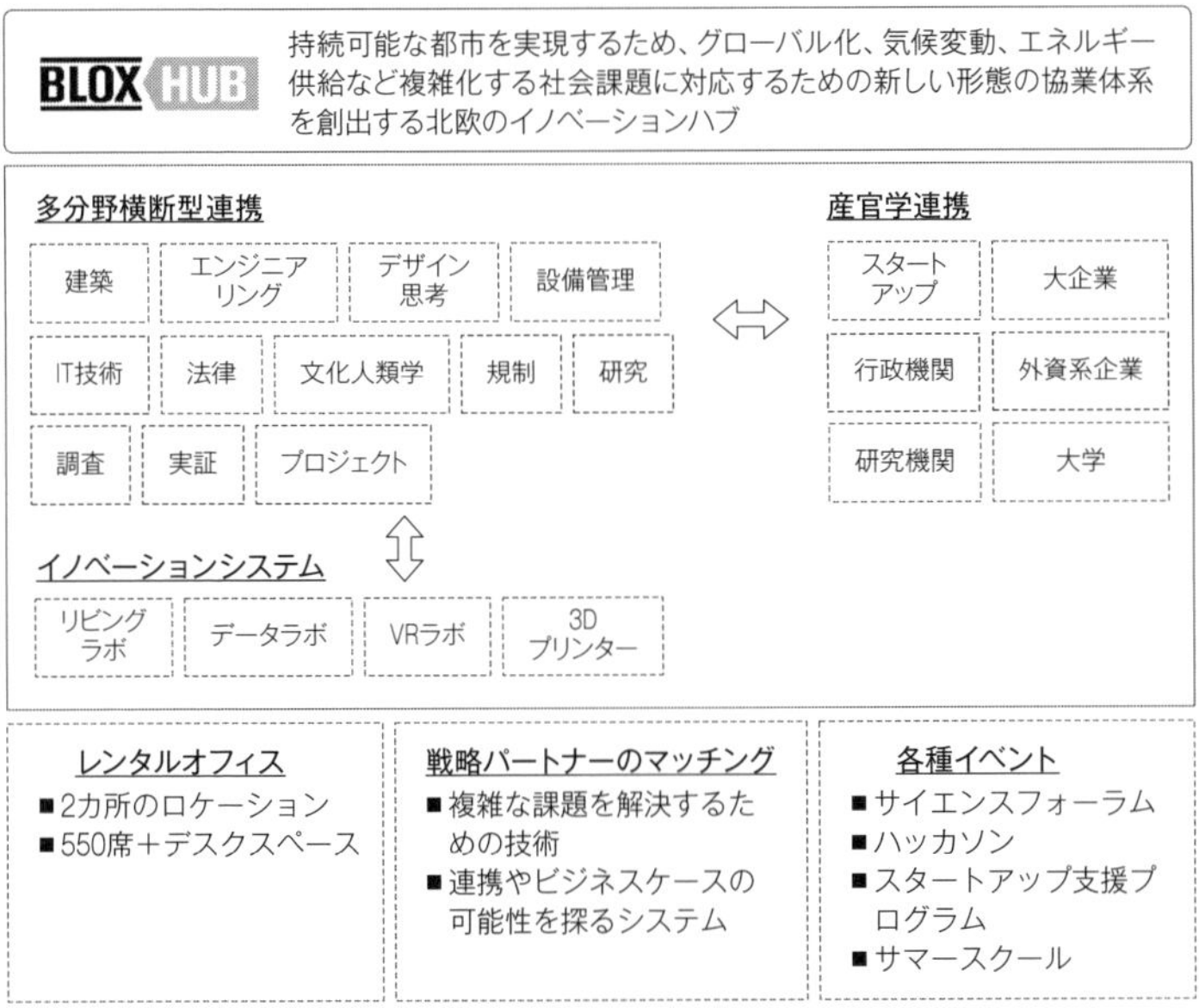

図６　ブロックスハブ（出典：BLOXHUBの幹部へのヒアリングをもとに作成）

で検証することにより、患者の視点に立った病院のレイアウト、環境配慮型ビルの内装、都市空間と調和したビルデザインなどでより精緻な意思決定を行うことができるようになる。

　ブロックスハブの取り組みに多くの関係者が賛同し、新たなしくみ系を構築するために積極的に参加している背景には、世界的に既存のイノベーションセンターが直面している壁と関係している。

　アメリカのスマートシティ・プロジェクトでも北欧システムを導入して、異なるセクターの連携によるソリューション解決が試みられたが、どうしても部分最適となってしまう事例があった。たとえば、アメリカやカナダでは、交通の最適化をスマートシティ・ソリューションで解決するプロジェクトがある。交通渋滞の解消、電気自動車による二酸化炭素排出量の削減、シェアリングによる交通量の削減、スマートパーキングによる都市空間の有効活用などである。これらは交通の最適化という視点では正しいアプローチだ。しかし、ここにエネルギー問題、自転車との共存、高齢者支援・介護という視点を加えると、途端に分析する要素が増えて全体最適となる解決策を導くことが難しくなる。

コペンハーゲンでは混沌とした社会問題を解決するには、異なるセクター、関わるすべての利害関係者を巻き込んで対応しなければならないと考えた。それには行政、民間企業、大学・研究機関が密に連携して問題解決に当たる必要がある。しかし、実際に世界でも似たような組織やイノベーションセンターはあるものの、本当の意味で異分野横断的な連携を実現できている組織はまだないというのがブロックスハブ幹部の見解だ（2018年9月）。それをコペンハーゲンでつくりあげて世界に還元していこうというのがブロックスハブの狙いであり、ある幹部は、これは今までにないハイブリッド型のPPI（公民イノベーション）の取り組みであるとも言っていた。

デンマーク、特にコペンハーゲンは過去のスマートシティ・プロジェクトでトリプルヘリックスによるダイナミックな連携を具体的なプロジェクトを通じて実践してきた。コペンハーゲン市のようにオープンイノベーションが活発で、フラットな組織文化を有し、異なるアイデアを尊重して問題解決に当たる自治体が、改めてブロックスハブのような組織と連携してスマートシティ・ソリューションの開発を進めている事実は注目に値する。実際、コペンハーゲン市の都市問題解決部隊である、「コペンハーゲン・ソリューションラボ」は、このブロックスハブに拠点を移し、都市のオープンデータ（ビックデータ）を活用したソリューション開発を始めている。

5　イノベーションにおけるデザインの戦略的利用

❖ユーザー・ドリブン・イノベーション

デンマークは2010年前後からイノベーションに注力した取り組みを強化している。当時イノベーションはどちらか言えば技術革新に関係する文脈で取り上げられていて、デンマークでも技術主導型のイノベーション議論が中心であった。しかし、もともとデンマークはデザイン大国であり、製品の使いやすさや、環境との調和などの視点が加わることで、今まで以上に利用者をイノベーションプロセスに巻き込む形で製品やソリューション開発を行うべきであるとの認識が広がった。

伝統的に人間中心の考え方が浸透していたこともあり、その考え方を体系的にまとめ方法論として組み立てられたのが、「ユーザー・ドリブン・イノベーション」である（図7、8）。ユーザー・ドリブン・イノベーションは、デンマーク固有のものではなく、フィンランドやスウェーデンなど

ユーザー・ドリブン・イノベーション
新しい製品やサービス、概念を開発するために、ユーザーの経験や知識を啓発し活用するプロセス

■ユーザーに戦略的に注力する
技術プッシュ型ではなく、ユーザーの要求に応える製品を開発する。プロセスは**問題解決よりニーズの発見**を目的とする。

■収入を向上させることを重視する
ユーザーのニーズを満たすソリューション開発による**コスト削減を目指さない**。

■イノベーション・プロセスで多様な技能と評価を活用する
技術、ビジネススキルに加えて、**民俗学**、**文化人類学**、**デザイン**などが含まれる。

■ユーザーの直接的な参画
観察プロセス、ユーザーパネルを通じたイノベーションプロセスで**ユーザーを直接巻き込む**。

■オープンで協力的なビジネス環境の要件
柔軟な企業構造が**オープンソースや複数の専門的な方法論の活用**を可能にする。

図7　ユーザー・ドリブン・イノベーションのアプローチ

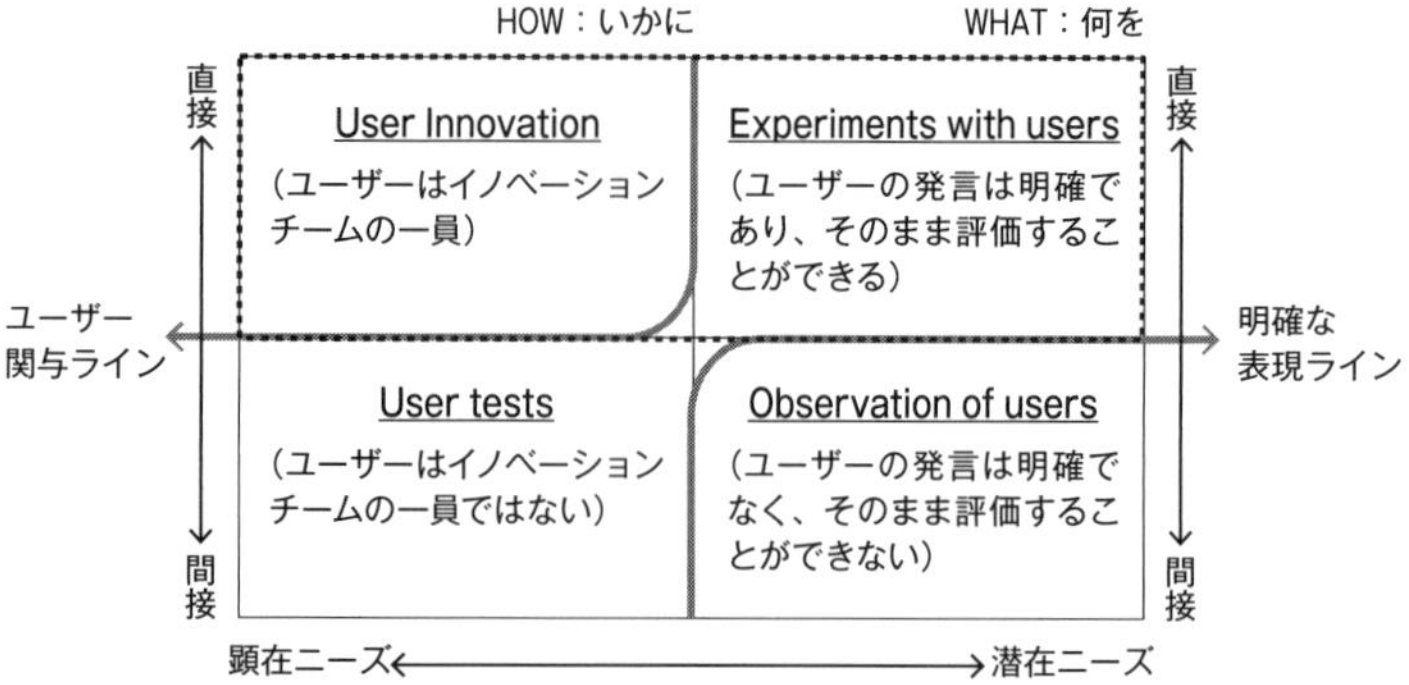

図8　ユーザー・ドリブン・イノベーションのプロセス・マッピング
（出典：Nordic Innovation Center）

他の北欧諸国でも取り組まれている。ただ、デンマークでは実際の製品開発などで企業に積極的に活用されている。

デンマークでも技術主導の製品開発、問題解決に対する失敗から、ユーザーに軸足を置いたアプローチ、特にコスト削減のためではなくユーザーの新しいニーズを満たすことが求められていた。ユーザーの真のニーズを理解して対応するためには、多面的な視点が必要となり、文化人類学者や社会学者そして利用者自身が開発プロセスに参加することが求められる。

日本でも新製品を開発する際にユーザー調査が行われるが、利用者が直接メーカーの技術者と一緒になって製品コンセプトを考えたりデザインを行うことはほとんどないことを考えると、北欧の柔軟なアプローチは参考になる。

たとえば、デンマークの企業がデジタル機器のリモコンや電話の受話器をデザインすると、デザイン性が高いオブジェのようになる。一方、日本のリモコンはご存じのように機能重視でリモコンに数十個のボタンが並び、すべてのボタンを使いこなすのが難しい製品ができてしまう。デンマークの場合は製品開発の初期段階から高齢者、主婦、小学生など幅広いユーザーの意見を反映してシンプルなデザインにするので、本当に必要なボタンだけがリモコン上に配置される。そして、あると便利だが頻繁には利用しない機能は隠して、利用者が使いやすいインターフェースにして、機能的だがリビングに飾りたくなるようなデザイン性の高い製品ができあがる。

❖デザイン・ドリブン・イノベーション

一方、最近では、ユーザー・ドリブン・イノベーションの限界も指摘されるようになっている。ユーザー・ドリブン・イノベーションはユーザーに製品やソリューションの開発プロセスに参加してもらい、利用者の経験や考えを活かしてイノベーションを実現する方法である。しかし、ユーザー・ドリブン・イノベーションの問題は、ユーザー自身が認識できるものには対応できるが、ユーザーが経験していないもの、認知していないもの、製品の技術や特性の本質に気がついていないものについては対応が難しいことだ。

たとえば、ロボットなどはその典型例だろう。ルンバなどの掃除ロボットなどが日常生活でも使われ始めているが、まだサービスロボットの技術や利用形態がユーザーに十分理解されているとは言いがたい。

つまり、ユーザー自身が、ロボットと自分との関係性、ロボットを日常利用する意義に気づいていないと、ユーザーを開発過程に招き入れても最適な解決策を導きだせない可能性が高いということだ。

そこで取り組まれているのが、「デザイン・ドリブン・イノベーション」というアプローチである（図9）。デザイン・ドリブン・イノベーションは、観察を通じてユーザーの理解を大切にしながらも、モノの「意味づけ」を追求してイノベーションを実現する方法である。ユーザーが使いたいモノを提供するのではなく、技術のイノベーションを伴いながら、その製品やサービスに「意味

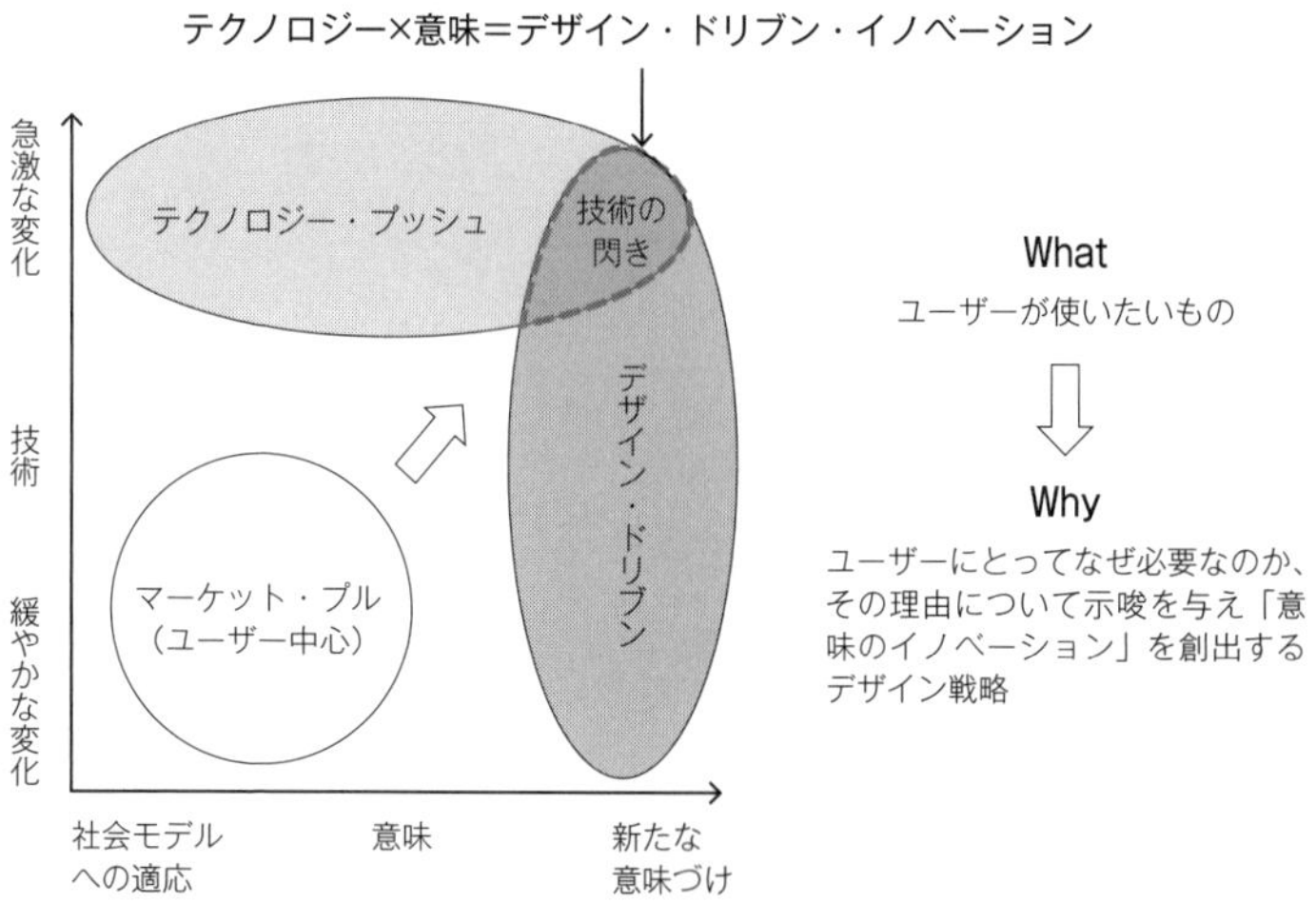

図9　デザイン・ドリブン・イノベーションのアプローチ
（出典：Design driven innovation, Roberto Verganti）

のイノベーション」を誘発すること、ユーザーにとってなぜ必要なのか？　自分にとってそれはどんな意味があるのか？　という問いかけを通じて新たな「解釈」や「価値」として提供し、製品・サービスのみならず社会における変革をもたらそうというものだ。

デザイン・ドリブン・イノベーションは、ミラノ工科大学のロベルト・ベルガンティ教授が提唱した理論だ。デンマークでも意識してデザイン・ドリブン・イノベーションを取り上げるデザイナーや企業はまだ少ないが、新製品の開発やスマートシティのソリューションで利用され始めている。その時のキーワードは「人間中心」「社会価値の創造（Social Welfare）」、そして「共感」だ。デンマークでの意味づけには単に市場シェア、利益、競争優位という経済的指標だけではない要素が含まれている。おそらく今後はサービスロボット分野でもデザイン・ドリブン・イノベーションにより現在の私たちが想像もしていない意味づけが行われて、ユーザーがロボットに新しい価値を見出す時が来るだろう。

また、アップルウォッチなどのウェラブル製品もデザイン・ドリブン・イノベーションで新たな価値を提案している。時計＝時間を確認する機能、ファッション・装飾品としての価値といった従来の概念を変革して、小型iPhoneにウェラブルデバイスとしてのセンサーを有したヘルスケア機能、情報管理、音楽プレイヤー、触覚に働き掛けるタプティックエンジンなど、時計という枠組みを超えた意味づけが展開されている。

革新技術の融合によって、異なる製品や機能が横断的に統合され、既存の概念では収まらないまったく新しい価値を提供しつつある現在、デザイン・ドリブン・イノベーションによる意味づけはますます重要なものになると思われる。

❖データ・ドリブン・イノベーション

デザイン・ドリブン・イノベーションと並行する形で取り組まれているのが「データ・ドリブン・イノベーション」だ（図10）。デンマークにはオープンデータの形でビッグデータが豊富にあ

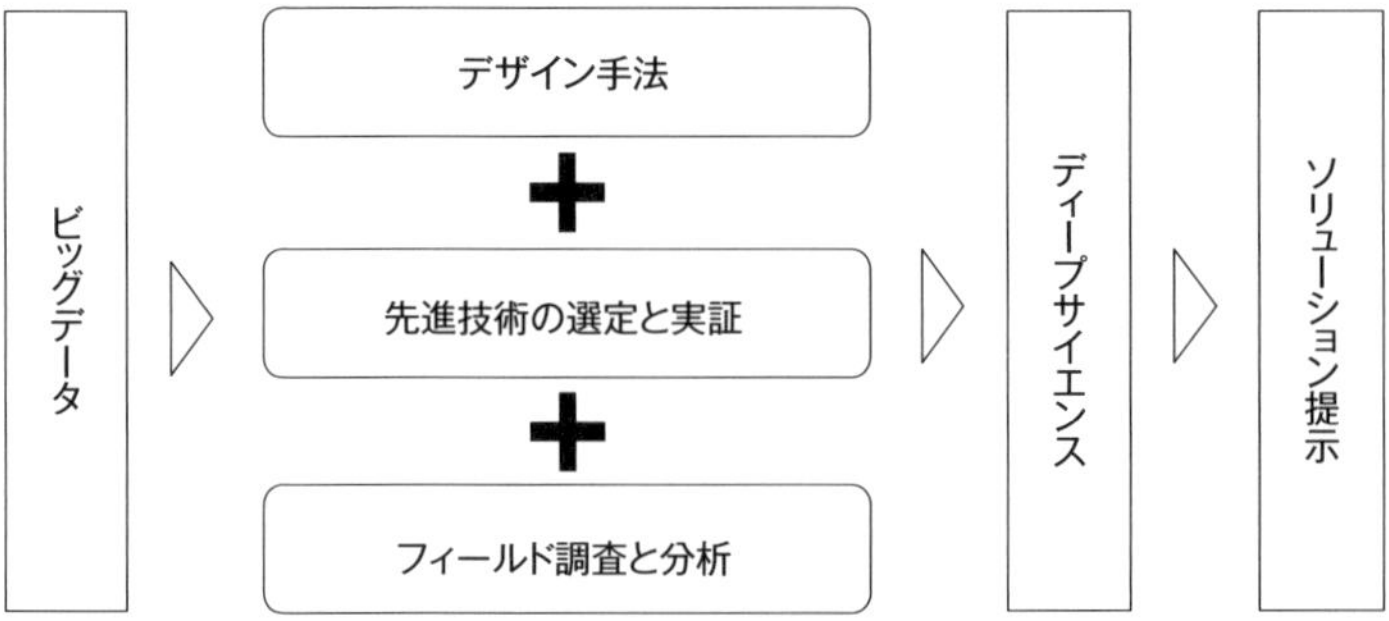

図10　データ・ドリブン・イノベーションのアプローチ

り、それを利用できる環境にあるので、データを有効活用してイノベーションを創出するという取り組みだ。

日本でも「データ駆動型イノベーション」としてデータによる社会課題の解決やビジネスの創出が議論されているが、デンマークのアプローチが日本と異なるのは、業種や組織を横断したオープンデータがあること、そしてデータとデザインを組み合わせたイノベーションを推進していることだろう。

デンマークではデータは単に「原材料（raw material）」であり、データだけでは価値はないとされる。そこでデータに人間の洞察、ストーリーテリング、ビジュアルインタフェースを加味して「情報（information）」に転換する。そうすることで初めて、データが価値を持ち、イノベーションの原動力となるのである。

「コペンハーゲン高度道路交通システム（CITS）」はデザインを加味したデータ・ドリブン・イノベーションの具体的な事例である（図11）。CITSではセンサーで収集されたトラフィック・ビッグデータと交通に関係する行政のオープンデー

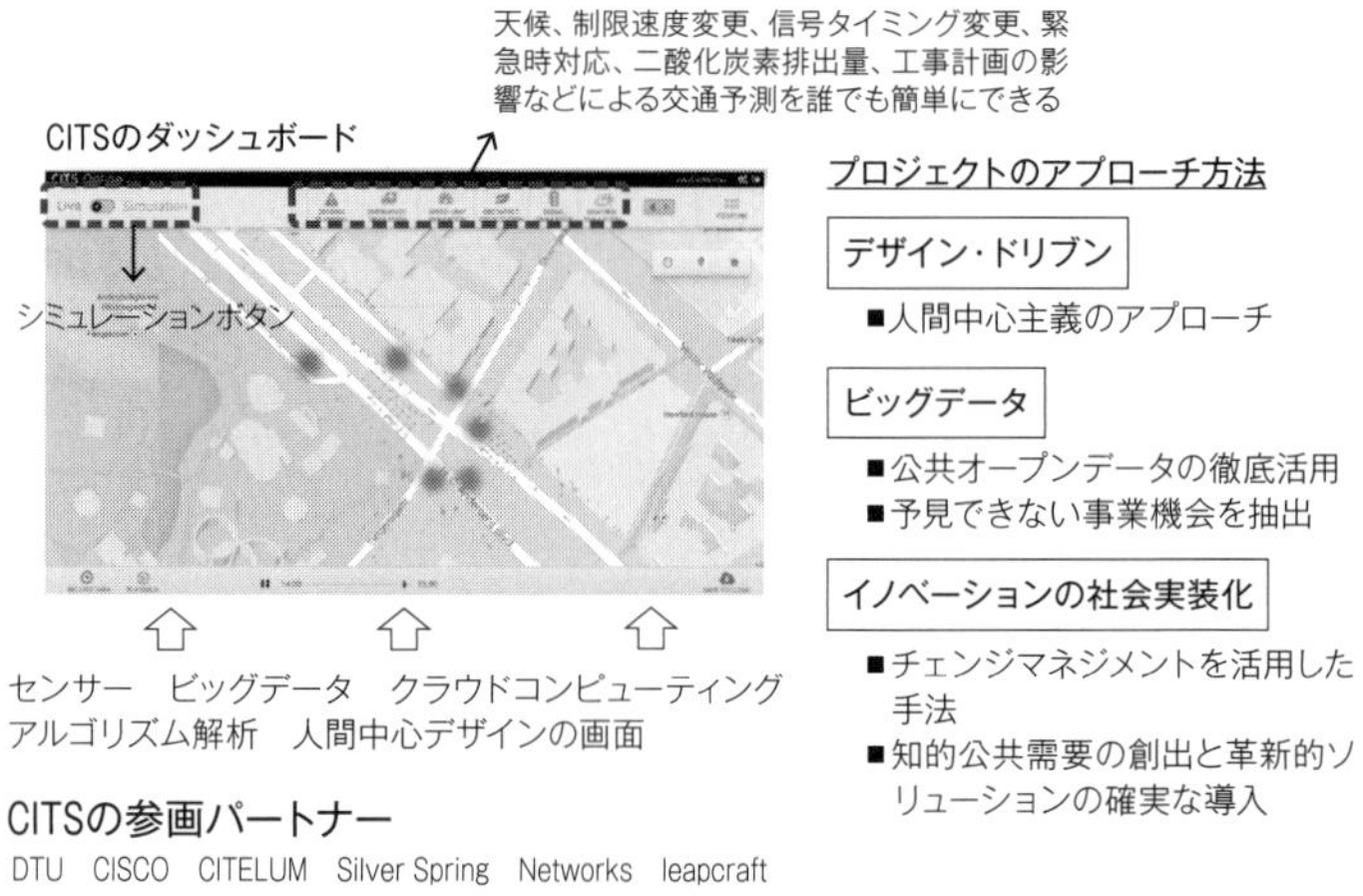

図11　コペンハーゲン高度道路交通システム（出典：leapcraftの資料をもとに作成）

タを統合解析して、コペンハーゲンにおけるトラフィック・マネジメントを行っている。

たとえば、工事計画、信号のタイミング、二酸化炭素排出量、気象データなどの変数とトラフィックデータを統合して分析することで、より精緻な渋滞予測と交通マネジメントができるしくみだ。

日本のITSでは日本道路交通情報センターの専門スタッフが自動車のフローティング情報や過去のデータを使い渋滞予測を行っている。一方、コペンハーゲンは専門家ではない市の担当者がゲーム感覚でシミュレーション機能を有した画面（ダッシュボード）から交通渋滞を予測できるシステムの構築を目指している。

つまり、交通マネジメントの知識や経験がなく、コンピュータに疎い職員であってもすぐ利用することができ、かつプロフェッショナルに交通行政を行えるようにすることが目的である。ここでもデータ偏重ではなく、人間中心のデザイン思考が実装されている。

❖デザインドリブン・イノベーションから新たな展開へ

デンマークは最先端のデザイン手法を駆使して、「破壊的イノベーション」（既存事業の秩序を破壊し、業界構造を劇的に変化させるイノベーション）を達成しようとしているが、それでも十分ではないとされる。その理由は、前提となる社会環境の変化が想像以上に速く、従来のように暫定的なフレームワーク（革新的なデザイン手法の枠組み）を構築し、それを試してから細部をつくり込み社会実装するアプローチがとれなくなりつつあることがある。

一つの事例として、現在先進国間で熾烈な開発競争が行われている次世代スーパーコンピュータの開発がある。2020年にかけて京の100倍の計算速度を持つエクサスケール・コンピュータ（1ExaFLOPS＝1秒間の演算が100京回、つまり10の18乗回／1秒）が開発されると予測されている。さらに夢の技術といわれる量子コンピュータも実用化まであと一歩の段階に近づいてきている。研究者の中には強力な人工知能エンジンにより従来の経験や常識、価値観がまったく通用しない大きな社会変革が到来すると指摘する者もいる。

ちなみにデンマークは人工知能、量子コンピュータでも世界トップクラスの研究を行っている。

ビジネスモデル
特許&技術分析
市場環境分析
リスク分析
正味現在価値策定（NPV）
事業戦略、投資戦略策定

＋

デザイン
グラフィックデザイン
プロダクトデザイン
エンジニアリングデザイン
社会システムデザイン
デジタルデザイン

＋

ビッグデータ
社会システムの原材料
（raw material）

＋

科学
社会科学　自然科学
形式科学　応用科学

＋

政府＋市民
公共の利益
行政システムの効率化
人間中心　価値創造

図12　社会のイノベーションを起こす、新しいデザイン・アプローチ

政府はＸＡＩと言われる説明可能な人工知能を将来、社会インフラに導入し、さらに先進的かつ高度化したデンマークシステムを構築するべく、予算を確保し実証実験を進めている。また量子論の育ての親とされる、理論物理学者ニールス・ボーアが設立したニールス・ボーア研究所では現在、量子コンピュータの研究開発が行われており、日本の研究機関との連携も始まっている。

こうした動きを反映してか、デンマークでも単純なデザイン・アプローチでは社会システムの変革を導くことは難しくなりつつあると認識しているデザイナーは、デザインを軸に、ビッグデータ＋科学＋ビジネスモデル＋政府&市民を融和した総合的な価値体系の確立を模索している（図12）。こうした新たな動向に敏感な欧米のコンサルティング企業、大手ＩＣＴ企業が、デザイン企業の買収をここ数年活発化させている。

6 社会システムを変えるデザイン

これまで紹介してきた、デザインの戦略的利用のほかに、社会システムを変える「ソーシャルデザイン」の取り組みがある。現在公的部門を中心にソーシャルデザインの取り組みが世界的に進んでいる。それらを誘引しているのが、デジタル化とIoTなど技術の進展と複雑に絡みあう社会課題である。デンマークは2018年に世界電子政府進捗度ランキングで1位になった（3章の表3参照）。その中で行政管理の最適化、オンライン・サービス、ホームページの利便性、オープンデータ活用でトップとなっている。これらで高評価を得ている背景には、ソーシャルデザインが行政部門に浸透していることが関係している。

デジタル化により起きていることは、何度も触れた通り、異なるセクターがデジタルプラットフォームでつながることだ。欧州の公的部門でソーシャルデザインが積極的に取り入れられている背景には、都市の中で、相反する課題を同時に解決しなければならないことが多いからだ。高齢化対応と質の高い社会福祉サービス、都市化と移民問題、スマートシティの推進とグリーン成長の実現、移民に対する人道的な対応とナショナリズムへの対策など、非常に難しい舵取りが求められる。

現在の社会システムが生みだした課題は、社会システムを変えない限り解決することは困難なので、ソーシャルデザインが必要とされているのである。

日本でも民間企業で少しずつソーシャルデザインの必要性が認識されつつあるが、まだ浸透しているとは言いがたい。最近は不動産会社、鉄道会社、サービス企業が研究を始めている。

たとえば、鉄道会社は従来までの鉄道事業と不動産開発だけでは差別化が図れなくなっており、特に過去に開発した住宅地の高齢化で鉄道需要の減少と駅前商店街の停滞が重なり、事業モデルの変革が必要になっている。その流れは「ＭａａＳ（Mobility as a Service、サービスとしての移動）」にも現れており、鉄道会社が鉄道事業だけに固執するのではなく、移動そのものをサービスとして位置づけたプラットフォームを構築する流れになっている。しかも、その先には移動のみならず高齢者向けサービスの強化や、若い世代を惹きつけるための保育・教育サービスにつながることを考えると、将来は「ＣａａＳ（City as a Service、サービスとしての都市）」にまで発展するだろう。そうなると、これはまさしく現在公的機関が行っている行政サービスに近くなり、税金の代わりにサービス対価を支払って行う都市サービスということになる。

大きな違いとして、民間企業は都市サービスを通じて収益を確保しなければならないこと、公的機関のようにすべての市民に平等なサービスを準備する必要がないので、社会や地域の安定的かつ持続的な発展にどこまで貢献するのか不明である点だ。将来は、スマートシティ、スーパーシティの発展でかなりの都市機能やサービスで公的機関と民間企業の提供するものが混在する形態になるかもしれない。そうなるとなおさら、社会システムをどのように設計してサービスを実装するのかが鍵になる。

そこで、これらの社会システムの設計に必要な要素として次の四つが挙げられる。

・成果への集中：公共サービスを社会に実装し、具体的な成果を見える形で提示すること。

・システム思考：問題と利害関係者の相互関係を把握し、複雑化する社会課題を横断的に俯瞰しながら管理できる能力。

・市民の参画：単発の市民参加イベントではなく、市民生活の深い洞察を通じて、供給者である行政の目線と需要者である市民の目線の調和を図ること。

・プロトタイプ：少ないコスト・資源で高い価値をもたらすために、素早い実証と可能性のあるアイデアの改善。

ある意味、これを実現するために、デンマークでは「マインドラボ」で実験が行われ、「IPD（知的公共需要）」の体系が試され、そして「ブロックスハブ」の取り組みが始まったと言えるかもしれない。そのフレームワークはまだ確立されていないが、デンマークの取り組みを見ているとかなりノウハウと知見が蓄積されてきたのではないかと考えている。

最近では、「デンマーク・デザインセンター（Danish Design Center、DDC）」が公的セクターにデザインの手法を取り入れたイノベーションの実現とそれによる新たな社会システムの実現を目指している。元マインドラボの幹部で、DDCのCEOに就任したクリスチャン・ベイソンは、これを「パブリックデザイン（公共デザイン）」と呼んでいる。

デンマーク・デザインセンターは1978年に設立されたデザインの国家クラスターである。現在は産業・ビジネス・財務省の下で半官組織として活動している。DDCは伝統的なプロダクトデザインなどデンマーク・デザインのブランド化だけでなく、最近は社会課題を解決するためにデザインを戦略的に活用するソーシャルデザインに注力している。

DDCが強調していることは、デジタル化が進むなかで、人間中心であること、公共の利益（社会福祉）を追求すること、環境とのバランスを考慮した持続可能性だ。彼らはこれを、従来の「官僚型ガバナンス」と対比する形で、「人間中心ガバナンス」と呼んでいる。

そのために重要なことは、実行すること、つまりなるべく多くの企業や研究機関に参加してもらい、イノベーションの実現プロセスを実証する。そして実証だけで終わらせることなく、きちんと社会実装することである。大切なことは、関わる利害関係者が、実際のプロジェクトで課題や取り組み方法を体験し学習することと、それらを多くの関係者と共有して、ノウハウを広めることである。なぜなら、デンマークでも人間中心のイノベーション開発は道半ばであり、どの形態が最適で、応用可能なフレームワークが何なのかについて、明確な答えは導かれていないからだ。

最後に、DDCが強調していることは、リーダーシップの重要性だ。人間中心でイノベーションを実現するソーシャルデザインを推進するためにも、公共の利益にもとづくリーダーシップがなければ適切な組織をつくることはできないし、組織をまとめあげることもできない。これらを実現するために、2019年から行政や企業の幹部を対象にしたソーシャルデザインのリーダーシップ・

社会的課題 → 新価値創造

	ビジョンの設定	社会文化	社会システム	方法論	教育と人材
デンマークの特徴	■人間中心主義のコンセプト ■グリーン成長（SDGsとの連携） ■明確な国家ビジョンと目標 ■都市のビジョンと目標 ■国家間＆都市間の共創	■包括的アプローチ ■コンセンサス ■共創 ■価値創造 ■オープンイノベーション ■小国の明るい危機意識	■デジタル先進国としての基盤 ■50年の実績を 有するCPR（マイナンバー） ■デジタル統合インフラ(IoT、CPS) ■先進エネルギーインフラ（インテリジェントグリッド、地域熱供給、スマートメーター）	■オープンイノベーション ■ユーザー・ドリブンイノベーション ■トリプルヘリックス（クワトロヘリックス） ■フューチャーセンター ■知的公共需要 ■社会システムデザイン	■問題解決型教育（PBL） ■環境知性 ■創造力 ■プロジェクト管理能力 ■創造的リーダーシップ ■グローバルビジネスの経験 ■胆力
日本での展開可能性	○	×？	△	○	○

図13　デンマークでイノベーションの社会実装が進むしくみ

プログラムが開始されるそうだ。

デンマークでイノベーションの社会実装が進むしくみについて、ここまで述べてきたことをまとめると、図13の通りである。

7章

デンマーク×日本でつくる新しい社会システム

1　日本から学んでいたデンマーク

❖なぜ、デンマーク・デザインは愛されるのか

デザインに関心を持っている方には、北欧デンマークはデザインの聖地であり憧れの国だろう。日本でも「Yチェア」で有名なハンス・ウェグナー、躍動感溢れる家具造形の彫刻家と呼ばれるフィン・ユール、ホテルやレストランを演出する照明を多数デザインしたポール・ヘニングセンなど、私たちの暮らしにデンマークのデザイナーが手掛けた作品は溶け込んでいる。

最近は建築や食のデザインも注目されている。ニューヨークのワールド・トレードセンターの再開発で注目されている若き建築家、ＢＩＧのビャルケ・インゲルス（2章参照）、新北欧料理の革命的シェフ、ｎｏｍａ（ノーマ）のレネ・レゼッピ（4章参照）などは、入念に計算されたデザインの力で、他者の追随を許さないまったく新しい価値を社会に提示している。

企業は、従来まで一般的であった「意匠としてのデザイン」から、開発段階で異なる要素を統合する「プロセスとしてのデザイン」を追求するようになり、ここ数年はデザインがビジネスモデルで重要な戦略要素の一つになってきている。政府は、さまざまな社会課題を分野・組織横断的に解決

する手段として、デザインの戦略的利用を推進している。

このようにデンマークではあらゆる領域、組織でデザインが組み込まれている。ここでデンマーク・デザインの本質についても触れておきたい。

夏になると日本の雑誌で北欧特集がよく組まれる。その中で紹介されるデンマーク・デザインは、一般的にシンプル、モダン、木を使った自然素材という視点で紹介されるケースが多い。読者である若い女性の関心を惹きつけるために、内容もヒュッゲなどのライフスタイル、癒し、インテリアが中心となっている。もちろん、こうした切り口もデンマーク・デザインの主要な特徴を示しているが、デンマーク・デザインの価値はそれだけではない。特にスマートシティなど社会システムで使われているデザインという意味で、もう少し視野を広げて捉えることが必要だ。

では、デンマーク・デザインとは何なのか？　デンマーク・デザイン協議会が定めたデンマーク・デザインのDNAは、次の10の価値で構成されている（図1）。

・人間中心

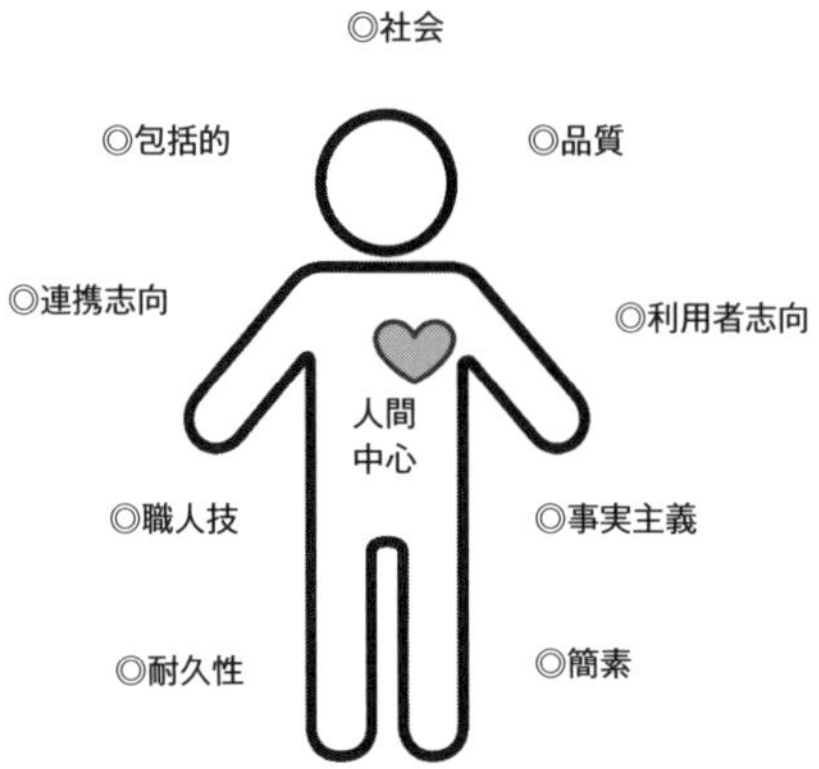

図1 デンマーク・デザインのDNA
（出典：Danish Design DNA）

・社会
・品質
・包括的
・連携志向
・利用者志向
・職人技
・事実主義
・耐久性
・簡素

「品質」「職人技」「簡素」は説明するまでもなく、北欧デザインの特色として広く認知されている。ニューヨーク近代美術館のパーマネントコレクション（永久所蔵品）として展示されているバング＆オルフセン（Bang & Olfusen）のオーディオや、アルネ・ヤコブセンが手掛けた数々の建築はこれらの要素を体現している。

アルネ・ヤコブセンは、日本では「セブンチェア」や「スワンチェア」などのプロダクトデザイナーとして紹介されるが、モダニズム建築の旗手であり総合空間デザイナーである。彼の作品にはデンマーク・デザインの特徴である「品質」「職人技」「簡素」に加えて「人間中心」「包括的」な要素も色濃く現れている。

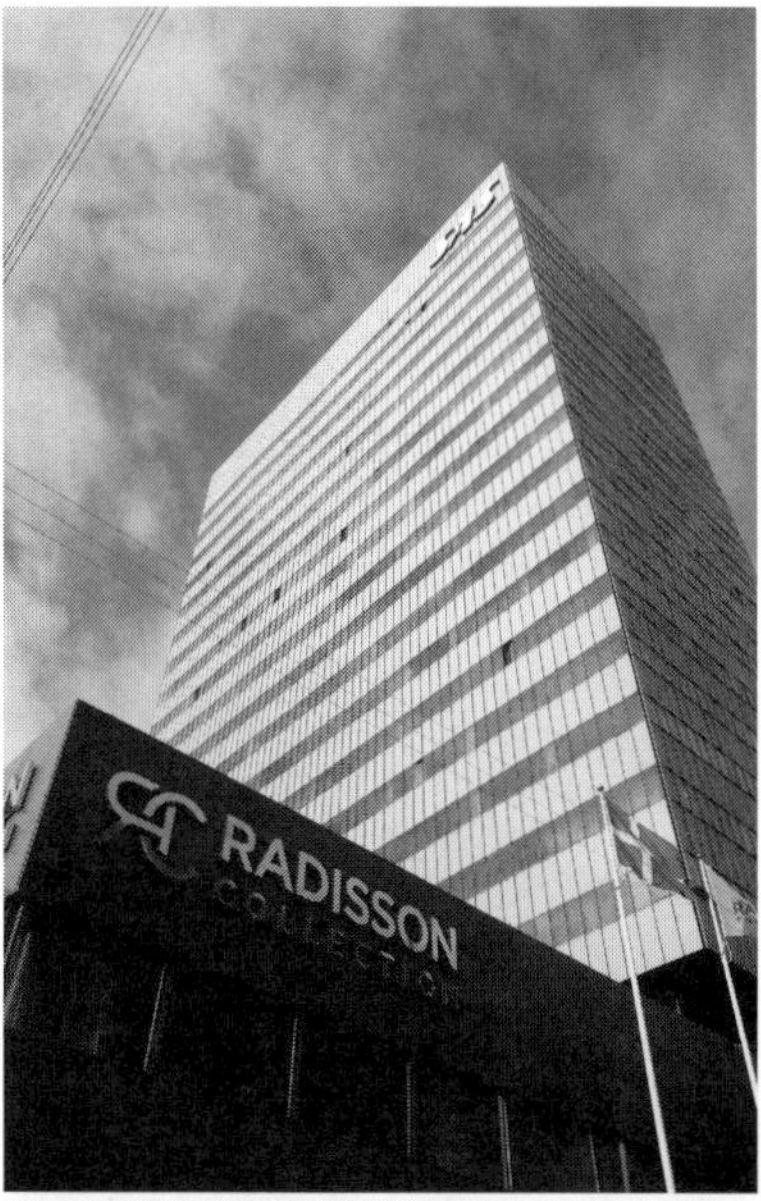

アルネ・ヤコブセンが設計したラディソン・コレクション・ロイヤルホテル。外観（左）、ヤコブセンがデザインした名作椅子が並ぶロビー（下）

ヤコブセンは自ら設計する建築に設置する机、椅子、照明、時計やドアノブに至るまでデザインしている。建物を単に箱として捉えるのではなく、そこで暮らす人々の生活の細部にまで考えを巡らせ空間全体を総合的にデザインしているところに、彼の深い哲学を見ることができる。

そして、ヤコブセンの思想が現在のスマートシティなど都市デザインにも受け継がれている。ヤコブセンを含めてデンマークのデザイナーの作品に共通していることは、単にシンプル・モダンという表層的なものではなく、デンマーク・デザインを育んできた歴史と風土、文化が深く関係していることだ。あえて一言でまとめると、北欧の厳しい自然と限られた資源のなかで、人々が豊かに暮らすために必要なことの本質を見極め、使いやすさと美しさを体現するべく設計してきた結果の表れということになろう。

そして、「人間中心」「社会」「包括的」「連携志向」「利用者志向」「事実主義」は、スマートシティなど最近の社会プラットフォームづくりでもその触媒として効力を発揮していることは前章までに述べてきた通りだ。

❖日本からの影響

ところで、デンマーク・デザインは、歴史的に日本から相当影響を受けていると知ったら驚くだろうか？

デンマーク・デザインは1880年代に日本の工芸品や美術品の技術、特徴、職人技を学習し、一度その技法を真似た上で、そこに北欧独自の表現を加えて新しい体系をつくりだしたという経緯がある。これは現代のイノベーション・プロセスとまったく同じであり、その意味でもデンマークは昔からオープン・イノベーションの精神が息づいていたといえる。

当時の画家で美術史家であったカール・ヨハン・ウィルヘルム・マッスンは、著書『日本の絵画芸術』（1885年）で、日本の美術について考察している。彼は日本の美術品をそのまま模倣することは意味がないこと、そして日本人の優れた技術、精神、芸術性に尊敬の念を持ち、日本の美術品が制作された過程にある苦労、忍耐、そして計算された緻密さには一切の倦怠や疲労の痕跡がなく、むしろそうした困難な過程に喜びを見出しているかのように見えることを指摘している。

蒔絵、西陣織、京七宝、日本刀など日本の伝統工芸品を鑑賞すると、どうしてここまで繊細かつ完璧な仕事をしているのだろうかと驚嘆することがあるが、19世紀後半に日本の美術品を見たデンマーク人も同じ思いだったのだろう。

2017年の日本デンマーク外交関係樹立150周年を記念して、2015年10月から2018年1月までコペンハーゲンのデンマーク・デザインミュージアムにて「Learning from Japan展」が開催されていた。

実際の展示品を鑑賞すると、デンマークと日本のデザインには共通性があることが明確に理解することができた。過去にデンマークのデザイナーがいかに日本の工芸や芸術からインスピレーションを得て、いったんそれを模倣し技術や手法を自分たちのものにしてから、北欧の個性を加えていったか、その軌跡が展示されていた。

展覧会では浮世絵、陶器、工芸品などが展示されていたが、特に日本刀の鍔《つば》などは世界的にみても有数のコレクションとなっている。私たち日本人が見ても感銘を受けるほど当時の鍔には微細な芸術が施されていて、特に江戸中期以降の鍔は金工師にとって芸術表現の対象となっている。数ある刀装具の中でも鍔に注目し膨大なコレクションとして保存し、さらにそれを自分たちの新しいデザインに活用するその真摯な姿勢こそが、デンマーク・デザインの真髄ではないかと思う。

他にも、自然と調和する日本の建築様式がアメリカ西海岸経由でデンマークに伝わり、フラットルーフの住宅に取り入れられた歴史も、実際の家具と組み合わせて展示されていた。日本からの影響は、開放的な間取りや町家や民家の事例を参照することで、より多くの木材を利用することにつながった。

さらに、禅の影響も大きい。簡素で装飾のない室内、そこに流れる静謐で調和した空間、枯山水の考え方が、デンマークで花壇などが減少する要因ともなった。

日本の建築がデンマークの建築に与えている影響は現在も続いていて、現代日本を代表する建築家の1人、隈研吾がオーデンセにあるアンデルセン美術館やコペンハーゲンのウォーターカルチャーセンター（2021年末に完成予定。デンマークと日本の文化が融合した注目される建築）のコンペティションで最優秀者として選定されている。現代デンマーク建築を代表する1人である女性建築家ドルテ・マンドルップは日本の建築家・伊東豊雄の作品に新しい時代の流れを見出している。

よくデンマークの家具や照明は和風空間と調和すると紹介されることがあるが、デンマークと日本のデザインは感覚的に類似しているのではなく、このようにデンマークのデザイナーたちが意図的に日本のデザインを自らの価値創造プロセスに活かしてきた必然的な事象だといえる。

デンマークのデザイナーは現在でも京都などに来日し、日本デザインの本質を貪欲に勉強している。現在もデンマークが日本から学ぶ「Learning from Japan」は継続しているのである。私たち日本人も、そんなデンマークのデザイン、イノベーション・プロセスから学べることは多いはずだ。本書が、「Learning from Denmark」のきっかけになれば嬉しい。

2　デンマークと連携する日本の自治体

❖なぜ、日本の自治体はデンマークに注目するのか

ここ数年、日本の地方自治体から、私の所属するデンマーク外務省投資局への問い合わせが増えている。主にスマートシティや地方都市のまちづくりに関するものだが、その背景には、どの自治

体も2014年の「まち・ひと・しごと創生法」（地方創生法）の可決後、雇用創出、新産業の育成を行うべく取り組んではいるが、地元ならではの特徴を活かしたプロジェクトを生みだせずにいる現状があるようだ。

こうした課題を抱えた自治体の担当者が、なぜ、デンマークに注目したのだろうか。

それは、デンマークがスマートシティの分野で世界的に高い評価を得ていること、意外にも観光や農業だけでなくICT、ロボット、ライフサイエンス分野の産業も発展していること、そして洗練された社会保障制度に基づく高齢者福祉が充実していること、日本の自治体と同程度の面積・人口の国でそれらを実現している点にある。

これまでにデンマークと連携した自治体としては、札幌市、福島県、川崎市、京都府、大阪市などがある。自治体によりデンマークと連携する背景や目的は異なるが、主な分野として環境エネルギー、福祉介護、スマートシティ、ライフサイエンス、デザインが挙げられる。

❖札幌市：都心エネルギーマスタープランの策定

札幌市中心部の建物は、1972年の冬季オリンピック開催に合わせて建築され、すでに50年近く経過しているものが多く、今後建て替えが予想されている。そして2011年の東日本大震災の教訓から、災害に強く環境に配慮したエネルギー計画を策定することになった。

2013年から調査が開始され、2014年に同市の都心まちづくり推進室と都市計画部がデンマークを視察している。北海道はデンマークと比べて面積は大きいが、人口はほぼ同じ規模、農業を中心とした産業構造と寒冷な気候も似ていることから、デンマークの事例を北海道や札幌の取り組みに活かすことができると考えた。

視察の目的は、札幌都心におけるエネルギー施策の参考とするため、大規模な熱電併給事業の実施状況を調査し、必要となる政策の枠組みや導入条件、実施体制を調査しノウハウや課題を把握すること、そして、エネルギー政策を調査し、自治体の役割や政策の現場における実装ノウハウを把握することであった。

デンマークの視察で多くのヒントを得て、札幌市は2015年に都心エネルギー施策（中間素案）を取りまとめる。2016年には「低炭素で持続可能なまちづくりフォーラムin札幌」を開催し、コペンハーゲン市の技術・環境市長（当時）モーテン・カベル氏を基調講演に招き、翌2017年には新たに策定された「都心エネルギーマスタープラン」を市民や地元関係者に理解してもらうため「都心エネルギーマスタープラン、スタートアップフォーラム」を開催するなどして、ついに2018年3月、札幌都心の低炭素で持続可能なまちづくりのビジョンと、それを実現するための戦略である「都心エネルギーマスタープラン」が策定された。

この都心エネルギーマスタープランの本文には、デンマークとの連携は記されていないものの、参考事例としてコペンハーゲンのプロジェクトが紹介され、プランの作成過程においてデンマーク外務省投資局の側面支援によりデンマークの知見が組み込まれている。

都心エネルギーマスタープランの目標期間は２０５０年であり、これはデンマークの「エネルギー戦略２０５０」（2章参照）と同じであるし、環境とエネルギーを同じ枠組みで捉えるアプローチ、そしてエネルギーマスタープランの基本方針にある「低炭素」や「快適・健康」はデンマークが重視している主要テーマである。唯一異なるのが、札幌のマスタープランに含まれている「強靭」だが、これがデンマークのエネルギー戦略にないのは、地震がほとんど起きないためである。むしろ、災害対策については日本の経験やノウハウが北欧や欧州に貢献できる領域だろう。コペンハーゲンでも温暖化の影響なのか、２０１１年には集中豪雨で低地では下水管から下水が溢れ、排水ができないなど大きな問題になった。

このように札幌市の取り組みは、環境エネルギー分野で日本の公的機関がデンマークの知恵を取り込んで策定された初めての計画という点において意味のあるプロジェクトである。

❖福島県：東日本大震災の支援

２０１１年3月の東日本大震災で大きな被害を受けた福島県には、福島第一原子力発電所の事故直後からデンマーク政府は支援を行った。

大震災が起きた際、筆者は大使館で勤務中であった。各国が放射能汚染の影響を心配し大使館を一時閉鎖したり、大使館機能を関西に移設するなか、デンマークは避難せずに最後まで東京・代官山の大使館で業務を行っていた。そして、当時のフランツ・ミカエル・スキョル・メルビン駐日大使は福島第一原発の事故直後、在京デンマーク企業の社長を全員大使館に集め、緊急事態であるので東京から脱出したい者は引き止めないと説明したところ、すべてのデンマーク人が東京に残ることに決めた。そこで大使は友人である日本が危機に直面している時こそ、デンマークが最大限の支援を行うことが必要だと、自身を本部長に在京のデンマーク企業が連携して義援金を集めることにした。しかし、被災地は混乱しており支援を届けるすべがなかった。

事故後の3月16日にはアメリカの原子力規制委員会から50マイル（80㎞）圏内の避難勧告が出された。しかし、3月30日、メルビン大使は80㎞の規制区域を大使公用車で自ら被災地に乗り込み、集めた義援金とレゴブロック40箱を宮城県東松島市の阿部秀保市長（当時）に届けている。

この訪問は、宮城県在住の関係者から被害が甚大であった沿岸部の東松島市を支援して欲しいとの要請を受けたためである。その後、同年6月にはフレデリック皇太子が海外の王室として初めて被災地を訪問し、避難所、保育所、小学校を回り被災者を励ますとともに、デンマーク女王陛下や多くのデンマーク企業からの寄付金を届けている。

筆者もメルビン大使と行動を共にして感銘を受けたことは、デンマーク人のリーダーシップ力、危機管理能力の高さ、最後までやり抜く実行力、そして思いやりの精神だ。大使は、東京が放射能汚染の危機に晒されることが想定されていた時に、大使は欧州原子力共同体とホットラインを結び、我々が国内で収集した最新の情報を元に想定される事態を分析し、あらゆるシナリオプランを策定して行動していた。なかには不安を覚える外交官もいたが、専門家による状況分析を踏まえた適切な判断で、安心感を与え、組織を統括した。大使館でも被災地でもかなり切迫した状況もあったのだが、終始穏やかかつ笑顔を絶やさず人々を思いやる心に満ちていた。

メルビン大使は日本に赴任する前は在アフガニスタン大使であり、戦時下の危機対応に精通していたこともあるが、それでも緊急事態に冷静に対処し、人々をまとめあげる適切な判断力と決して諦めることのない行動力で困難な状況を打開する姿が印象的であった。

こうした東日本大震災の経験から、福島県とデンマークは、震災をきっかけに連携が継続している。2013年には風力発電企業を集めた再生可能エネルギーのビジネス交流セミナーを開催し、2014年には福島県の復興と再生可能エネルギーの利用促進を目指す目的で覚書が締結されている。福島では浮体式洋上風力発電施設の実証実験などが行われているが、採算性の問題から一部撤退の動きもある。しかし、デンマークとしては洋上風力発電における先進国として今後も継続して支援を行う予定である。

❖川崎市：福祉と産業の融合

川崎市は1960年代以降、日本の高度成長を牽引したものの、大気汚染、水質汚濁、騒音などの環境悪化を招き、ぜんそくなど甚大な公害問題が起きた。環境汚染の反省と経験から、行政と企業が連携して公害の克服、廃棄物処理、低炭素社会の実現に向けて取り組み、現在は大気環境が大幅に改善され、多摩川の水質向上により、近年は鮎が遡上するようになった。

一方で、人口減少に向かう日本の現状とは逆に、川崎市は人口が増えており、2030年まで人口増加が続くと予想されている。コペンハーゲン市も都市化に伴う人口増加が問題となっている。共通する都市問題を有するデンマークと川崎市の連携は、2010年に開催された「川崎国際環境技術展」にデンマークが出展したのがきっかけに始まり、デンマーク福祉産業セミナー（2012年）、デンマーク・デザインセミナー（2012年）などの交流イベントが実施された。

福祉産業セミナーはその後、福祉用具・介護ロボットを推進するウェルフェア・イノベーションにつながり、産業と福祉の融合による社会価値の創造を目指している。これはまさしくデンマークがオーデンセ市などで実施してきた取り組みでもあり、今後川崎市とはさらなる連携が図られるだろう。

デンマーク・デザインセミナーは、当時としてはかなり先進的な取り組みで、6章で触れた社会課題をデザイン力で解決し、ソーシャル・イノベーションを実現するための企画であった。

そして、2012年にデンマークと川崎市は経済連携に関する覚書を締結した。この協定は経済産業交流を推進し、グリーンエネルギーや超高齢化社会に対応するためにデンマークと川崎市が力を合わせて新たな技術やソリューションを開発することを目的に結ばれた。

その後も2012年にデンマーク・スマートグリッドセミナーが開催され、同年コペンハーゲン市のスマートシティプロジェクトを牽引する「コペンハーゲン環境技術クラスター」（現在の「クリーン（CLEAN）」、6章参照）と川崎市のスマートシティ関連プロジェクトに関する戦略会議が行われた。

２０１５年にはロボット開発のクラスターを有するオーデンセ市とも経済交流の覚書を交わしている。その後も川崎市の代表団がデンマークを視察し、デンマークからも視察団を川崎に派遣するなど交流が続いている。環境技術、再生可能エネルギー、福祉技術などで連携が進み、交流も進展しているので、これから具体的な成果が出てくるものと期待している。

❖京都府：スマートシティの推進

京都府は現在でもスマートシティを推進し、国内で唯一「スマートシティ」と冠のついた展示会を実施している（２０１９年時点）。

前述した通り、デンマークを含め欧州ではビッグデータ、ＩｏＴ、人工知能などと結びつき、これらの技術を統合するインフラとしてスマートシティが継続して注目されている。さらに環境、エネルギー、交通、ヘルスケア、高齢者福祉などの社会問題をデジタルで横断的に解決するインフラとしても考えられており、スマートシティは、次の段階に移行している。

ところが日本では、２０１６年頃まではスマートシティの展示会が各地で開催されていたものの、スマートシティに関係した実証事業が終了すると、企業もスマートシティの事業部を解散して、国内ではあまり取り上げられなくなってしまった。

しかし、京都府は「スマートシティ」という言葉に踊らされず、その本質と意義を踏まえて展示会を継続していることは、さすが一千年の歴史を有する古都である。

デンマークは2015年の京都スマートシティエキスポから参加し、デンマーク外務省が出展している。そして、2015年11月に京都府とデンマークの間でスマートシティ推進に関する連携協定が結ばれている。

協定を踏まえて2016年にはデザイン会社のリープクラフト社CEOのビナイ・ベンカタラマン氏を京都に招き、「先進スマートシティ構築に活かすビッグデータデザイン」と題する基調講演を行い、その後京都の大手企業との戦略会議などを持った。

このリープクラフト社は6章で紹介した「コペンハーゲン高度道路交通システム（CITS）」のインタフェースをデザインした企業である。2016年の時点でビッグデータとデジタルデザインを融合したアプローチで京都府や企業と協議を開始していることは、かなり先進的であり意義深い。

2018年には、これも6章で説明したブロックスハブ（BLOXHUB）のチーフ・コマーシャル・オフィサーCOOのフレデリック・タウバァ氏が「BLOXHUB　イノベーションハブ、コペンハーゲンのスマートシティ戦略」と題して京都で基調講演を行っている。この時のテーマも、デジタル化により都市インフラが融合するなかで、いかに新しいイノベーション体系によって複雑になった都市課題を解決して人間中心のスマートシティをつくるかという内容であった。

京都府とデンマークのスマートシティの協定は、一千年の歴史を有する京都とイノベーション大国であるデンマークの知恵を持ち寄り「伝統と革新の融合」により豊かで持続的な未来をつくることを目標にしている。

京都府とデンマーク外務省が関わった具体的なプロジェクトとしては、堀川団地の再生プロジェクト（２０１６年〜）がある。堀川団地は京都市上京区堀川通沿いにある店舗付き集合住宅である。１９５０年から１９５３年にかけて6棟ＲＣ造の建物が建設された。この築60年超、下駄履き団地をリノベーションするというものだ。

なぜデンマークかというと、スマートシティの協定を結んだことに加え、京都のまちづくりに、古い景観を維持しながら先進技術を導入しているデンマークの経験やデザインを応用するためである。デンマークの経験から、都市デザインや地元市民のプロジェクトへの巻き込み方についてアドバイスを行い、将来は再生されたアトリエに若いデンマーク人デザイナーを招待してセミナーやプロジェクトで連携することを企画している。

技術プロジェクトとしては、シスコシステムズ社が京都府木津川市と街灯スマート実証事業を行った。これはシスコシステムズ社が5章で紹介した「ＤＯＬＬ（デンマーク街灯ラボ）」で導入したスマート＋コネクテッド・デジタルプラットフォームの技術が応用されている。

コペンハーゲンは高度なソリューションを導入して、スマートシティでトップクラスの都市となり、雇用創出、投資誘致、そして環境配慮型デジタル都市を実現しようとしている。京都は歴史と伝統文化を維持しながら、都市のスマート化と市民生活の質を向上することを目指している。

❖大阪市：介護ロボット開発の連携

大阪市とデンマークは、2010年にデンマークのオーフス市が大阪を訪問し、大阪市やパナソニックと介護ロボットに関する協議を行ったことから連携が始まった。デンマーク外務省投資局がコーディネート役となり、当時大阪市が取り組みを強化していたロボット技術を活用した新規事業により、大阪の中小企業を支援し新たなロボット産業を興していくことが狙いであった。

2011年6月にはロボットを中心に環境・エネルギー・デザインを加えた包括的な経済交流促進に関する協定をデンマークと締結した。当初は大阪市が推進しているロボットとデザイン分野での連携が行われ、同年には大阪市とデンマークによる共同開催でデンマーク・デザインセミナーを開催。これは川崎市でのセミナーと同様、ソーシャルデザインで都市問題を解決しながら産業におけるイノベーションを創出するというテーマで行われた。

プロジェクトの成果として、大阪大学教授で国際電気通信基礎技術研究所（ATR）の石黒浩特別研究所所長でもある石黒浩教授が開発した遠隔操作型ロボット「テレノイド」がデンマークでの実証を通じて国家投資プロジェクトとして認定されている。また2013年には大阪市のロボット企業によるデンマーク視察が組まれるなど、連携が進んだ。

パナソニックについては、当時開発された「ロボティックベッド」というベッドから自動で車椅子が分割されて高齢者の移動を助けるコンセプトの介護ロボットの開発をオーデンセ市とオーフス市が予算化し、数百台導入する計画であったが、こちらは残念ながらパナソニック社の経営方針の変更で中止となった。もしこのプロジェクトが実施されていたならば、介護ロボットとIoTによるクラウドロボティクス、福祉プラットフォームの連携で新たなヘルスケア・ソリューションが開発されていたかもしれない。

スマートシティ関係では、2013年に当時の咲洲アジアスマートコミュニティアライアンスが「コペンハーゲン環境技術クラスター」と環境技術展開の覚書を締結した。そして2014年にはアライアンスがデンマークのログストール（LOGSTOR）社製の熱パイプを輸入し、熱版のスマートグリッドと言えるサーマルグリッドシステムの実証研究を行った。

2025年に大阪での万博開催が決まり、人工島・夢洲が会場になる予定だ。会場へのアクセスとして自転車道も検討されており、自然と調和したスマートシティの建設という点でデンマークとの連携が再び強化されることを期待している。

3　北欧型システムをローカライズする

❖フレームワークの輸入で起こるギャップ

デンマークの制度や社会システムが先進的だとしても、経済規模、産業構造、歴史、そして文化風土が異なる日本にそのまま当てはめることはできない。よくある失敗は、海外で開発された枠組み（フレームワーク）を日本語化してそのまま利用するというアプローチだ。他国の異なる理念、制度、システムを導入しても、現場ではギャップが生じて破綻してしまうことが多い。

たとえば典型的な例として、福祉サービスがある。北欧は社会保障制度が進んでいるので日本からも福祉関係の視察者が多い。ある高齢者福祉施設の視察を支援した際、高齢者のサポートで両国の制度の違いを再認識させられた経験がある。

デンマークでは1章で触れた高齢者福祉の三原則に則って、高齢になり体が不自由になっても健常な機能が残っている場合は、それを最大限活かすことが推奨されている。日本のように過度な介護支援ではなく、自立をサポートするサービスが基本になっている。

これに関して、デンマークの施設側から日本の視察団にある質問が出された。「日本では、足腰が弱り、体重が70kgある高齢者を支援して、もし歩行中転びそうになった場合どうしますか?」。

日本の視察者たちの回答は、「何とか支えて少しでも怪我を防ぐように対応する」「近くの介護士に助けを呼ぶ」「そもそも脚力が弱った高齢者は歩かせないで車椅子を使う」というものだった。

デンマークの施設スタッフの説明は、「高齢者を無理に支えようとしないで倒れそうな方向に転がす」ということだった。これを聞いた日本人は全員絶句した。

しかし、デンマークの論理は、もし体勢を崩した重い高齢者を無理に支えようとすると、介護士自身が怪我を負う可能性がある。場合によっては腰を痛めて仕事を休まなければならなくなる。人材が少ないなかで介護士の欠員は地域社会にとって大きな損害であること、そもそも転びそうになった高齢者を一番リスクが少ない形で守る方法は、衝撃を最小限にして力を分散しながら転がすことで、ちょうど柔道の前回り受身の技のようにすることだと説明してくれた。ここまで聞いてなるほどと全員が理解した。

Windowsや iPhoneなど情報通信を支える機器やサービスは、標準化により世界中どこでも同じプロセス、品質で利用することができる。しかし、スマートシティを含めて人間の関わる比率が高い社会サービスは、同じサービスに見えても、その制度を支えている社会的な理念、人々の考え方、文化風習を踏まえてローカライズすることが必ず必要だ(図2)。

❖札幌でのローカライズのプロセス

スマートシティ関係でデンマークのノウハウを取り入れて成功している例が、前節で紹介した札幌市の都心エネルギーマスタープランの取り組みだ。札幌市が2015年に中間素案の都心エネルギー施策を策定してから、デンマーク外務省投資局として定期的なアドバイスを提供してきた。特

	デンマーク（特徴）		日本（特徴）	例
対極の関係	(制) 人間中心主義	←→	(制) 産業中心主義	・ドイツのインダストリー4.0に対抗するフレームの構築 ・Amazonのアンチテーゼとなるeコマースシステムの構築
	(制) 包括的アプローチ	←→	(制) 個別、機能、組織アプローチ	
	(制) オープン	←→	(制) クローズド	
	(制) フラット型社会システム	←→	(制) 階層型社会システム	
	(文) コンセンサス型意思形成	←→	(文) 中央集権型意思決定	
	(技) ソフトウェア	←→	(技) ハードウェア	
	(技) 統合（ブリコラージュ）	←→	(技) エンジニアリング	
	(方) 問題解決型教育	←→	(方) 知識中心型教育	
日本の良さを強化	(制) 先進的社会保障制度	■→	(文) 里山＆相互扶助文化	・日本の伝統工芸力とデジタルプラットフォームの融合
	(制) 多元的社会との共生	■→	(制) 国際社会との調和	
	(制) グローバルニッチ	■→	(技) 国際競争力	
	(方) デザイン・ドリブン・イノベーション	■→	(方) 伝統美に基づくプロダクトデザイン	
	(文) プラットフォームに強み	■→	(技) 要素技術に強み	
	(方) フレームワーク思考	■→	(文) 経験的＆直感的思考	
	(文) 平等主義（ヤンテの掟）	■→	(文) 足るを知る＆和光同塵	
	(文) 個人社会（個人主義）	■→	(文) 村社会（他人依存）	
新たな価値の創出	(方) グリーン成長	←+→	(技) 環境技術＆効率化技術	・幸福度と技術力が高度に調和したスマートシティの理念構築
	(制) デンマーク型地方分権	←+→	(制) 地方創生とソサイエティ5.0	
	(制) 北欧型社会システム	←+→	(制) ODAとアジア・アフリカ・南米	
	(制) グリーンランド	←+→	(技) 地球環境保全ソリューション	
	(制) 高齢化による労働者不足	←+→	(技) 福祉介護ロボット ＋ 8K遠隔医療	
	(方) ユーザー・ドリブン・イノベーション	←+→	(技) 人工知能＆量子コンピュータ	
	(方) ダイバーシティ	←+→	(文) もてなし	
	(文) ヒュッゲ	←+→	(文) 禅	

(制) 社会・経済制度　(文) 文化・風習　(技) 技術　(方) 方法論

図2　デンマークと日本のフレームワークの比較

にデンマークのエネルギー政策の背景と特徴、各政策の本質的な価値を理解した上で、札幌市の環境に合う形で最適化することの重要性を伝えた。

札幌市は理念、基本方針に加えて数値目標も設定することで、デンマーク流のわかりやすい体系をつくりあげた。基本方針である取り組みの方向性には、環境、経済、社会の視点を組み入れた「低炭素」「強靭」「快適・健康」とし、具体的な数値として2050年までに建物から排出される二酸化炭素を2012年比で80%削減すると定め、計画を推進するためのロードマップも提示している。

そして、6章で説明した札幌市版のトリプルヘリックス（産官学連携）の形成も重要だ。デンマークの経験をもとに都心エネルギーマスタープランの理念を明確にして、市民、行政、民間企業などすべての利害関係者が共有できる将来像を提示し、利害関係者を巻き込むしくみをつくることを提案した。特に計画の推進段階では、札幌市に加えて地域の関係者、エネルギー事業者、民間企業、有識者、大学・研究機関などの参加を促し横断的かつ重層的な議論を行う必要がある。そして研究開発・産業創出段階では、コペンハーゲン環境技術クラスターと同じしくみの産官学連携組織「(仮称）札幌環境エネルギークラスター」を組成する予定になっている。

このように「コペンハーゲン気候プラン2025」（5章参照）で採られているアプローチを参考にした札幌市版の体系ができあがった。課題だったのは、日本で30年以上先の目標値を提示した場合、地元企業や市民がどのように反応するかということだった。デンマークでは長期的視野に立って政策を立案し、ビジョンの策定と具体的数値目標を設定し、関係者が責任を持って実行することが当たり前であるが、日本では3～5年先のプランを立てるのが一般的で、数十年先のこととなるとイメージが湧かず計画倒れになる可能性がある。

市の担当者によると、予想通り、当初開催した検討会議では理解が得られず大変であったという。参加者の多くがこの都心エネルギーマスタープランに参加して協力することの意味が不透明で、何の利益があるのかと懐疑的であったのだろう。

そこで担当者には、参加者の立ち位置を変えることと、デンマーク流の諦めない交渉と創造的リーダーシップを提案した。担当者の努力で2年かけて粘り強く取り組んだ結果、都心エネルギーマスタープランが公表される時点ではすべての参加者の意識が変わり、積極的に参加する姿勢になった。

立ち位置を変えるとは、参加者には自分が所属する組織の利益ではなく、自分たちの孫や曾孫の世代が大人になった時に豊かさと誇りを感じられる社会インフラをつくることが目的であることを理解してもらうことだ。これもデンマークでは当たり前のことで、政策を策定する議員や行政職員は次世代の子供たちのためにバックキャストで議論する。

諦めない交渉とは、当初懐疑的であった参加者を中心に、市担当者が何度も足を運び熱意を持って計画の理念、目的、参加の意義を説くという当たり前かつ地道な作業だ。デンマークでも美しくまとめられた計画を策定しただけでは何も動かないし、また計画を実践しない限り誰も評価しない。計画に魂を入れて実際に導入して結果を導くことが大切だからだ。

今後の予定は、「トリプルヘリックス（産官学連携）」に市民を加えた「クワトロヘリックス（産官学民連携）」の推進だ。デンマークでも人間中心の社会を構築する上で、今まで以上に市民の参加が求められている。札幌市には日本でいきなり市民にエネルギープランの議論に加わってもらうことは敷居が高いこともあるので、まずフューチャーセンターを市中心部に設置し、市民の声を行政の近いところで吸い上げるしくみを提案している。

札幌市の場合は、プロジェクトの対象がエネルギー計画でコペンハーゲンが導入している地域熱供給システムであったこと、そして自然環境も寒冷であり、類似点も多かった。そうした背景もデンマークのノウハウが活かしやすい要因である。

一方で、デンマークの知見を活用しながら、デンマークにはないプロジェクトに取り組む場合は、課題や解決したいテーマの抽象度を上げ、ローカライズの方法を探っていく必要がある。札幌市は２０１９年12月に都心エネルギーアクションプランを策定し、実装段階に進めるとしている。

4 新たな社会システムの構築

❖量子コンピュータ×人工知能がつくる未来への準備

最後に、これから訪れると思われる近未来と、そこで展開される社会システムについて考えてみたい。

デンマークが脱化石燃料のエネルギー社会を達成する目標が2050年であり、デンマークのような小国でも再生可能エネルギー立国を実現するのにまだ30年もかかる。エネルギー領域はどちらかと言えばゆっくりとシステムが移行していくので、人々も脱炭素を軸としたエネルギーシステムに対応することはそれほど難しいことではない。

一方、デジタル技術を中心としたICTの世界、またデジタルをベースにしたスマートシティなどの社会システムは、2050年までに劇的な変化を遂げるだろう。すでにスマートフォン、SNS、都市に設置されているセンサーやネットワークカメラで人々の行動パターンや思考、趣向に関する膨大なビッグデータが日々蓄積されている。そのうちウェアラブルデバイスはネットワークと接続され、私たちのすべての聴覚情報や視覚情報もクラウドに自動アップロードされることになるかもしれない。

さらに、この個人情報と都市空間のビッグデータをエクサスケール・コンピュータ（6章参照）や量子コンピュータを利用して高速計算が行われ、ビッグデータを原材料に人工知能が自動的に社会の事象を解析し判断するようになるだろう。

エクサスケールのスーパーコンピュータが完成すると、世の中の現象や課題についてスーパーコンピュータ内で仮説の立案と検証サイクルを無限に回すことができる。そして医療、健康、エネルギーなどの問題解決に必要なソリューションを現場で実証せずとも開発することができるようになる。さらに夢の技術といわれる量子コンピュータも実用化まであと一歩の段階に近づいてきている。

　そして今、研究者や一部の専門家で議論が始まっているのが、量子コンピュータと人工知能を組みあわせたシステムが社会に及ぼす影響だ。すでに世界にビッグデータは溢れているが、従来の人工知能の課題は、ビッグデータの計算に時間がかかりすぎるということだった。量子コンピュータが実用化されると、このボトルネックが解消され、アメリカの人工知能の研究者レイ・カーツワイルが予測している、２０４５年に1台のコンピュータの性能が地球上の全人類の知能総和を越えてしまう「技術的特異点（シンギュラリティ）」が、従来の予想より早まるのではないかと言われている。

　一方で、量子コンピュータ、人工知能とも、それを利用するのは人間である。また人間が主体的に関わらないと、高速な量子コンピュータによる人工知能が次世代の人工知能を開発し、人智を超えた予想外の存在をつくりだしてしまう恐れもある。そして、人間は新しい秩序の中でコンピュータの一部品に格下げとなり、映画「マトリックス」の世界が現実になるかもしれない。研究者の中には強力な人工知能エンジンにより、従来の経験や常識、価値観がまったく通用しない大きな社会変革が到来すると指摘する者もいる。

　そうした状況になるのは相当先の話で、まだＳＦの世界だと思うかもしれないが、シンギュラリティが予想されている２０４５年はわずか26年後、量子コンピュータの開発が加速して10年早まると16年後と、すぐそこの未来だ。

　蛇足だが、映画「マトリックス」で描かれていた知識をダウンロードする技術は、初期段階であるが、すでに実現されている。ボストン大学と日本の脳情報通信総合研究所は脳に知識を「生じさせる」技術であるDecNef法（デコーデッド・ニューロフィードバック）を開発しているのだ。現在でも脳をスキャンすることで人の思考を解析できることは可能になっている。そして、将来このDecNef法で、アメリカ・メジャーリーグの大谷翔平選手やチェリスト宮田大さんの脳活動パターンをダウンロードすることで、平日は大リーグで１６０㎞の豪速球を投げホームランを量産しながら、週末はウィーンフィルとチェロ演奏をするスーパー人間ができるかもしれない。

つまり、ここで言っていることは完全な空想ではなく、可能性のある未来の話なのだ。デンマーク政府はこのような新しい技術に対応するために、２０１７年に世界で初めて「技術大使」というポジションを創設し、デンマーク、シリコンバレー、北京に拠点を開き、先端技術の動向と社会に与える影響を分析する体制を整えている。日本政府とも連携を強化しており、ビッグデータ、人工知能、ブロックチェーン、量子コンピュータの開発を踏まえて人間中心型社会をサイバー攻撃から守り、新しいサイバー社会における人権の確立、新技術の倫理規定、さらにはサイバー空間における差別や格差の排除、そしてデジタル課税にも踏み込んだ研究と議論を進めている。

デンマークは数十年先の社会を見据えて国家ビジョンを定め、小国が国際社会の中で持続的に存続しリーダーシップを発揮する戦略を構築していることを想定すると、このデンマークが考えている30年後の近未来に対する準備は、かなり現実的なアクションである。

❖デンマークが志向する、デジタル化された北欧型民主主義

デンマークの技術大使は、こうした状況を踏まえ、21世紀の社会システムが向かう方向は三つのパターンが想定できるとしている（図3）。

一つは、自由放任主義型システムである。これは良い意味でも悪い意味でも、政府など公的セクターの統治は最小限にして、Googleやfacebookなど民間企業が市場で展開するプラットフォームを尊重し、性善説に基づいて社会システムを運営する考え方。

二つ目は完全&部分統制型モデルで、ビッグデータを含めてすべて政府の管理下に置くというものだ。

そして三つ目が、デンマークが推進しようとしている第3の道。デジタル化を伴った北欧型民主主義をベースにした社会モデルである。人工知能、ブロックチェーンなどの新たな技術を積極的に利用するが、人間中心の思想と倫理規定に基づいた運用ガイドラインで技術と調和した社会を実現するという考え方である。

技術大使に限らず、デンマーク産業界のリーダーと議論をすると、多くの人が自由放任主義型モデルも完全統制型モデルもいずれ行き詰まることを予想し、この第3の道を提唱している。

自由放任主義型は、アメリカのシリコンバレーが典型だろう。確かにシリコンバレーから発明された数々の新技術で私たちの生活は便利になった。しかし、本当に生活は豊かになっただろうか？

	自由放任主義型	完全&部分統制型	北欧民主主義型
内容	レッセフェール（自由放任主義）で、政府の統治は必要最小限、性善説による自由競争の原理に基づき運営される社会	資本主義、共産主義にかかわらず、情報や知識を政府が掌握し、制限や管理を通じて直接・間接的に統制する社会	デジタルや人工知能など高度な技術を基盤システムで導入するが、システム内に"人間中心や社会福祉"の理念を内包し、オープンで自立分散型の社会
事例	小さな政府とプラットフォーム経済圏が融合したもの	中国、ロシア？	デンマーク、スウェーデン、フィンランド、ノルウェーなどの北欧諸国

図3　これから展開が予想される社会システム

精神的な豊かさや幸福感に満たされているだろうか？　現実の社会は必ずしもそうなっていないし、格差や不平等が拡大していることから、このモデルの限界が露呈している。

完全&部分統制型は言うまでもなく、個人の自由が制限されることから、進んでこのシステムを望む者は少ないであろう。

それではデンマークが模索する北欧民主主義型に基づくモデルはどうか？　国民の教育水準が高く、社会における格差が少なくオープンでフラットな社会を実現しているという意味で、デンマークの民主主義のレベルはトップクラスである。欧州デジタル化ランキング1位（2014〜18年、3章の表2参照）、世界電子政府1位（2018年、3章の表3参照）と、先進技術が社会に浸透している。加えて、スマートフォン、5G、IoTや人工知能などの基盤技術は他国から輸入し積極的に導入するが、デンマーク人としてのアイデンティティ、伝統文化、風俗習慣に悪影響を与えるものは選別して制限をかけている（デンマークではマクドナルドやスターバックスなどの外資チェーン店は比較的少ない)。このように自国の歴史文化を守りながら標準化された技術を有効活用し、調和した社会システムを構築していることは、今のところ最もバランスがとれた社会システムの一つと言えるだろう。

❖北欧民主主義型＋日本モデル＝第4の社会システム

一方、日本にとってこの北欧民主主義型社会は理想的なものなのだろうか? 一つの仮説として、北欧民主主義型をベースにしたモデルと日本型モデルの融和型、つまり第4の道があるのではないだろうか。ただし、ここで言っている日本型モデルとは古代から続く日本の伝統文化、その基層から導かれた自然を含めたあらゆる事象との共生を有したモデルである(図4)。

北欧民主主義型システムにデジタル技術が組み合わさることで、効率性を担保しながら平等で調和した社会をつくることができるだろう。

だが、東洋そして日本人の精神に流れる根本的な思想では、人間も自然の一部でしかない。特に日本の社会には、すべてのものに生命があるという考え方が私たちの深層意識に流れている。つまり、人間中心思想の先には、人間を超えた万物との調和と共生の精神に基づく社会システムがあるのではないか。

北欧民主主義型と日本型モデルで類似していることは、自然との調和、共生の理念、それからデ

第4の社会システム

	北欧民主主義型	＋	日本	＝	北欧と日本の ハイブリッド型？
取り組み	■デジタル ■XAI ■ビッグデータ ■人間中心 ■社会福祉 ■オープン化 ■自立分散		■ソサエティ5.0 ■スーパーシティ ■ビッグデータ ■人工知能 ■量子コンピュータ		先端技術＋自然・環境・人間との調和を実現した高度な次世代型社会システム
文化	■包括的 ■コンセンサス ■共創 ■価値創造 ■オープンイノベーション ■小国の明るい危機意識		■共生と共助 ■里山文化 ■常若の思想 ■鎮守の森 ■足るを知る ■神道、禅、仏教 ■侘び寂び ■縄文文化 ■勤勉 ■改善		北欧の環境知性、社会福祉の理念と日本（東洋）の英知が融合したユニバーサルな社会文化

図4　第4の社会システム

ンマークには社会福祉、日本には相互扶助の精神がある。一方、デンマークにはない日本の特性は、八百万の神に象徴される森羅万象に命が宿るという普遍的な精神、現代のサーキュラーエコノミー（循環型経済）システムをすでに実現していた里山文化、そして厳しい自然災害に遭ってもたくましく蘇る再生力、伊勢神宮の式年遷宮に見られる「常若《とこわか》の思想」などだろう。

21世紀において真の持続可能な社会のモデルは、デジタル化された北欧民主主義型に、柔軟に変化を受け容れる日本モデルが組み合わさった第4の道ではないだろうか。

おわりに

ここ数年、日本におけるデンマークに対する関心が高まっている。２０１４年４月に三菱重工業と洋上風車の開発製造で世界的大手のヴェスタス社（Vestas Wind Systems A/S）が共同で、洋上風力発電設備専業の合併会社であるエムエイチアイ・ヴェスタス・オフショアウィンド社（MHI Vestas Offshore Wind A/S）を設立したのを皮切りに、２０１８年12月にはＮＥＣがＩＴ企業最大手のケーエムディー社（KMD A/S）を買収した。２０１９年１月には東京電力ホールディングスが、世界最大の洋上風力発電事業者であるアーステッド社（Ørsted A/S）と洋上風力事業での協働について覚書を締結、さらに同年３月には富士フィルムがバイオ医薬品の開発・製造受託事業を拡大するため、アメリカのバイオ医薬品大手バイオジェン社（Biogen Inc.）の製造子会社であるバイオジェン・デンマーク・マニュファクチャリング社の買収を発表した。

本書で紹介した通り、霞ケ関や地方自治体の公的セクターに加えて、民間企業もイノベーション先進国であるデンマークから、先端技術、ソリューション開発、新規事業のノウハウを習得しようと関係を強化している。

それは、デンマークが小国であるという自国の弱みを補完しながら自国の強みを活かす政策を実行し、デジタル化時代に対応した分野横断的で多様な主体の連携するフレームワークを実現してお り、アメリカや中国といった大国とは異なる知見を提供することができるからであろう。

一方、逆説的でもあるが、日本こそがデンマークが見習うべき知恵に満ちた国であるとするデンマーク人も多い。

デンマークと日本は、自然と調和する考え方を持つ共通性もある一方で、個人主義がベースで自己主張が強いが故にフラットな組織で人々の合意形成を尊重するデンマークと、同質性と現状維持を好み、どちらかというと自己犠牲による協調性で社会のバランスを保ってきた日本とでは、その社会的特質は異なる面も多い。

本書でも触れてきた通り、各国の社会システムは長い時間をかけて文化風土とともに形成されてきたものであり、他国の経験を闇雲に導入しようとしても必ず弊害が起こるだろう。

その前提を踏まえた上で、地理的にも遠い北欧デンマークの知恵は、その本質的価値を抽出し、本来はデンマークよりはるかに先進的かつ高度な精神文化を有する日本に調和する形でなければ安易に導入するべきではないだろう。私たちが真に幸福だと感じられる瑞穂の国を取り戻すために、本書が少しでもお役に立てたら幸いである。

２０１９年12月

中島健祐

中島健祐（なかじま・けんすけ）

三菱 UFJ リサーチ＆コンサルティング株式会社 社会イノベーション・エバンジェリスト、元デンマーク大使館投資部部門長（デンマーク外務省投資局所属）
通信会社、米国系コンサルティング会社を経て、2008 年より、デンマーク外務省投資局（インベスト・イン・デンマーク）に参画。従来のビジネスマッチングを中心とした投資支援から、プロジェクトベースによる戦略コンサルティング、特にイノベーションを軸にした顧客の成長戦略、新規事業戦略、技術戦略を支援する活動を展開した。デンマークで進展している、ビッグデータ、IoT、ロボット、人工知能、デジタルデザイン、量子コンピュータ、再生可能エネルギー、インテリジェントグリッド、サーキュラーエコノミーなどを担当。2020 年 1 月より三菱 UFJ リサーチ＆コンサルティング株式会社に参画。北欧デンマーク及び他国の先進的な社会イノベーションのノウハウ、方法論を日本で社会実装するべく自治体や大手企業に戦略アドバイス、コンサルティングを提供している。著書に『未来に通用する生き方』（共著、クロスメディア・パブリッシング）。

デンマークのスマートシティ
データを活用した人間中心の都市づくり

2019年12月10日 初版第1刷発行
2021年 3 月10日 初版第3刷発行

著者 中島健祐
発行所 株式会社学芸出版社
京都市下京区木津屋橋通西洞院東入
電話075-343-0811 〒600-8216
発行者 前田裕資
編集 宮本裕美
装丁 藤田康平（Barber）
DTP 梁川智子（KST Production）
印刷・製本 モリモト印刷

ISBN978-4-7615-2728-0